上流哥

這年頭
存錢比投資
更重要

上流哥——著

Contents

第1章　上流哥的事蹟

第2章　堵住口袋破洞》消費失控

第3章　堵住口袋破洞》不肖詐騙

第4章　堵住口袋破洞》不當投資

Contents

「存錢」是投資理財的第一步

上流哥是我在投資業界時期的主管，接到他的邀約寫這篇推薦序，心情還滿複雜的：一方面，很開心能得到他的肯定，協助推廣大作；另一方面，身為一名後輩，要幫自己的前輩寫推薦序，就好像以學生的身分推薦老師的書，總覺得自己還不夠分量。

這本書的內容，與其說是教大家如何投資，不如說是教大家如何存錢。累積了自己的第一桶金後，才有資格跨出投資的第一步。

由於台灣教育體制完全缺乏理財教育，因此，許多人進入職場後，如果沒有學到正確的理財觀念，就容易淪落成「窮忙族」。另外，因為金錢的複利效果，20 歲～ 30 歲時的 1 塊錢，價值遠大於 60 歲～ 70 歲時的 1 塊錢，所以年輕時期的理財規畫是人生中最重要的環節。

而觀察我身邊的朋友，也有許多理財規畫欠缺考慮的案例，最常見的包括：

1. 太早買車，買車絕對是年輕時期理財規畫的最大殺手之一。

2. 月薪才 3 萬元，卻堅持要買 1 支定價 4 萬多元的 iPhone X，而且每天喝 1 杯星巴克。

3. 亂買一些自己都不知道是什麼的理財商品。

4. 保了太多「人情險」，保單組合欠缺專業規畫，繳費多、保障少。

還有人整天幻想「財務自由」，但是卻從事超高風險的投資，例如：比特幣、期貨、選擇權，以為年輕就是本錢，想要以小搏大。事實上，「複利」才是宇宙最強大的力量，年輕的歲月最珍貴，一刻都不得浪費！建立正確的理財觀念前，應該先做好節流，把上述的財務破洞補起來，並且慢慢存下第一桶金，之後再踏出穩健投資的第一步，才是通往「財務自由」的正確道路，沒有捷徑。

如果你中了以上「我朋友」案例的其中一個，那真的需要認真拜讀上流哥的這本書，讓上流哥 20 年（1 年基金＋ 19 年股票）的投資理財智慧，幫你醍醐灌頂一下，之後一定會有種打通任督二脈的暢快感！如果你已經存下了第一桶金，正準備要跨出穩健投資的第一步，邁向「財務自由」的目標，這本書也能給你許多啟發。

你可以根據本書第 6 章，從生活水平所需的基本開銷，計算出達成財務自由得存下多少錢。但是，請務必留意，離開職場後不再有現金流入時，對於大額

消費或投資虧損的感受度會放大很多，因此，你理性計算達成財務自由的標準，很可能不是你現實上心理層面能接受的標準，或許還要再增加一些。此外，你也可以從本書第 7 章，觀察擁有十幾年業界經驗的前基金經理人，是如何以較長期的角度來看待投資市場，尤其對於投資經歷較淺的讀者，這會是非常珍貴的觀點。

　祝福大家，都能從本書分享的理財智慧中，獲得一些啟發，並且轉化為實際行動，堵住口袋破洞！

定錨投資隨筆創辦人

Paulson

樸實無華的簡單致富投資學

　　書架上琳琅滿目的投資相關書籍，總是讓人目不暇給。然而，在眾多吹捧快速致富、高額獲利、必勝心法的亮麗外衣下，真正能夠經過長時間考驗的又有幾人？

　　結識上流哥已經有 7 年、8 年之久，每次見面的對談，最大的讚嘆就是為何他可以如此完美地呈現「KISS（Keep It Simple Stupid）」的精神，將複雜的事情簡單做，簡單的事情重複做。就是如此樸實無華的投資哲學，讓他在甫達不惑之年時，就已能順利退休，達到財富自由的人生新境界，著實是有極為過人之處。

　　從本書的鋪陳可以清楚地看到，上流哥沒有富爸爸，出來工作的時間也比別人晚，更沒有一夕暴衝的投資績效。上流哥的長處在於，其投資的波動率非常小，並且能長期維持數十年如一日，神蹟般打敗大盤的績效，他憑藉的正是扎實的研究功力、穩健的操作策略，以及過人的理財紀律。難能可貴的是，上流

哥不打高空賣弄專業術語和知識，而是採用你我都能輕易了解的庶民語言，輕鬆傳遞平凡人應該如何避開理財陷阱，並且在時間複利的滾動下，自然而然的達成「財富自由」的目標。

　　檢視內容的編排，可以看出上流哥的匠心獨具。他先不吝以自身平凡的經驗來告訴大家，理財成功是人人都可以做到的簡單事情；再來，如同台灣已故經營之神王永慶所說，「你存的 1 塊錢才是你的 1 塊錢。」

　　上流哥強調儲蓄的重要性，對此我深表認同。和上流哥一樣，我的投資起始金也是新台幣 30 萬元（從小到大攢下的零用金）。回顧我們彼此近 20 年的投資歷程裡，成功的投資固然讓財富的累積如虎添翼，但是，不斷地藉由良好的消費與儲蓄習慣來創造源源不絕的本金，更是最重要的關鍵。

　　接著，上流哥開始發揮功力，告訴讀者如何避開理財和投資的眾多陷阱，特別是坊間普遍認為的主流投資策略，其實都潛藏一定程度的危險性，例如：存股、主動式投資等。唯有正確理解每個投資舉動的背後意義，清楚交易標的的價值所在，長期投資才會站在成功的一方。正如上流哥所強調，投資應該不是要迷信買「好公司」，而是應該要買「好股票」。遵守投資價值所在，如此一來，無論市場處於何種多空情勢，投資人都可以立於不敗之地，安穩入眠！這一點和我信仰的總體經濟價值投資可以說是殊途同歸。

回想起來，非常榮幸在我的投資路上，能有上流哥這位高手兼同好一起前進、一同學習！每次和上流哥餐敘討教時，總是能充分感受他輕鬆投資、享受獲利的愉悅。撰寫此推薦序就是希望上流哥的這套成功哲學，能化為投資市場的顯學。畢竟，理財無非就是要致富。簡單的目標，不用搞得莫測高深！投資人的快樂，就是應該那麼的樸實無華！

　　君子慎始，正確的第一步是成功的一半。我相信，只要願意開始徹底貫徹上流哥的那套簡單致富投資學，那麼，無論你現在年紀為何、收入為何、投資績效為何，未來都是光明的——因為必定會通往「財務自由」的終點。再次誠心向各位投資人推薦上流哥的這本人生理財致勝祕笈！

《景氣循環投資》作者

Isaac Chen

閱讀的力量

　　對投資有些了解的人應該都知道，投資績效要長期打敗大盤是非常困難的一件事，只有非常少數的人做得到。即使是擁有龐大研究團隊的投信法人，分析師天天拜訪上市公司，掌握第一手資訊，能打敗指數的基金經理人也是屈指可數，而上流哥正是極少數之一。

　　更難能可貴的是，在以技術分析追逐主流股為主的投信業，上流哥可能是唯一一位不追主流，堅持採取價值投資的基金經理人。而且他在過去 19 年裡，獲得平均每年打敗大盤 5.97 個百分點的優異績效，完全證明了價值投資在台股一樣可行，打破許多人認為價值投資在台股行不通的迷思。

　　價值投資者需要廣泛且大量的閱讀，就像是股神巴菲特（Warren Buffett）每天閱讀 500 頁文字，數十年如一日。在我身邊的朋友裡，大概只有上流哥最接近股神的閱讀量，而且是以極有效率的方式完成，這種高效率的閱讀能力真的非常厲害。上流哥每天閱讀大量資訊，無論是總體經濟、國際情勢、個股動態，

或是產業趨勢，幾乎毫無遺漏，並且快速消化與吸收，然後轉化成投資能量，難怪能夠長期維持優異的投資績效。

也由於廣泛的閱讀，因此上流哥對於各種議題都有深入且獨到的見解。這次我有幸搶先拜讀上流哥的大作，在書中，他透過輕鬆幽默的筆觸，傳達投資的重要觀念，其中又以理財為主，教大家如何改善自身的財務狀況。其中有一個觀念我覺得非常推崇：「對大部分人來說，主要的資產不是投資賺來的，而是工作存錢存下來的。」因此，我們應該先努力工作，並且減少不必要的支出，慢慢累積自身財富，才是最正確且踏實的做法。

努力工作與節省開支，聽起來就像老掉牙的言論，不過上流哥的書中卻充滿獨特的見解，以及明確的建議，再加上上流哥特有的幽默，與流暢又親切的文字，使得這些老掉牙的議題讀來卻相當有新意。其中，上流哥尤其著重在節省開支這一塊，全書總共 7 章，就用了 3 章的篇幅討論這個議題，努力幫助大家堵住破掉的口袋，因為這實在是重中之重，太多人出現財務問題，並不是收入不夠，而是花費太多，而且有太多都是浪費，就像破洞的口袋，如果沒有堵住，無論你再怎麼會賺錢，財務狀況都不會健康。

堵住破洞的口袋後，接下來才有資格談投資。然而，如同前面提到，對大部分人來說，主要的資產不是投資賺來的，而是工作存錢存下來的。因此，書中

後 3 章，與其說是談投資，不如說是談財務規畫。上流哥建議，穩健投資與積極儲蓄並重，並且提醒現在許多人認為的穩健投資，其實暗藏風險，例如：近年非常熱門的被動式投資與存股。除此之外，上流哥特別在最後一章提醒，投資市場現況充斥泡沫，要大家不要輕信「這次不一樣」的說法，歷史上只要出現泡沫，最後只有破滅一途，提醒大家現階段投資要更加小心謹慎。

　避開投資的誤區之後，就可以真正做財務自由的規畫了。財務自由不是不工作，而是你可以自由地做自己想做的工作。為了及早達成這個目標，上流哥給各年齡層的人提供規畫建議，例如：25 歲前投資報酬率最高的東西就是看書，這段時間好好投資自己，接下來 25 歲～ 40 歲就有比較高的機率在工作上展現價值。然後透過穩健投資與積極儲蓄，你應該有辦法在 40 歲～ 60 歲達到財務自由。還有一點很重要，就是在邁向財務自由的過程中，一定要顧好健康，才有辦法好好享受得來不易的自由生活。

　綜觀全書，確實充滿真知灼見，而且非常具有作者個人的特色，在市面上眾多投資理財書籍裡面獨樹一幟，我非常推薦大家閱讀本書。

冷門股投資人

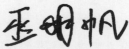

自序

從零開始到財務自由

可能是因為我愛分享，也可能是因為我想炫耀，所以早在念中央大學企業管理研究所的時候（2003 年），我就開始撰寫投資相關的文章。早期網際網路還沒有那麼發達，因此，我是利用 Email 的方式來宣傳我的投資理念。

當時我常會針對自己有在投資的股票撰寫一些分析與看法，寫完之後再寄給我所有的同學和朋友。收到 Email 的同學和朋友，那時候多數都還沒有開始投資，不過，因為他們知道我比較懂投資，所以幾年之後，當我開始操盤公募基金（編按：公募基金是指以公開方式向公眾投資者募集資金，並且以證券為投資對象的證券投資基金）時，有不少人都會買，而且也跟上台股這波 10 年大多頭。

2005 年年底，Yahoo! 奇摩開通部落格的功能，由於部落格可以接觸的讀者群更廣，因此，大約 2006 年，我就改成在部落格上面寫投資的文章。當時部落格的名稱叫做「遊民邁向十億之路」，大家從外號的轉變就可以看出我在心

境上的不同，我已經從昨日的遊民變成今日的上流哥了（笑～）。基本上，我的外號都是自我解嘲跟搞笑用的，大家可以不要太當真。

在撰寫部落格的時候，文章幾乎都偏向個股的分析，偶爾會加上一些盤勢解讀。可是，事後回想，如果當時我沒有進去證券業，就這樣一直寫下去，搞不好我會是台灣第一批的網路投資理財達人。不過，我 2007 年回鍋投信當研究員，受限於法規的限制，加上寫投資相關的部落格與研究員的工作有利益衝突，因此我就停了。

一直到 2012 年，也就是我操盤公募基金的第 3 年，當時績效非常好，我操盤的基金幾乎是台股基金裡最優秀的基金之一。從 2009 年 9 月 1 日操盤以來，我的累積報酬率約有 40%，是累積績效前幾名的基金。對比元大台灣 50（0050）報酬率只有 13%，同業更慘，平均值大概是 5% 不到，我覺得沒有把自己的基金推廣出去讓大家知道，非常可惜。我個人認為，讓大家去買我所操盤的公募基金，就是幫助散戶最好的方式（詳見圖 1）。

基金公司本來就是每週、每月、每季、每年都需要檢討基金績效，並且和基金受益人報告（我猜一堆基金受益人都還不清楚，這些資料都是稍微找一下就有的公開資訊，投信公司應該也會寄給受益人），因此我就想說，乾脆自己來成立一個 FB（臉書）粉絲專頁，名稱就叫做「豐台灣基金粉絲團」，來作為自

己跟受益人溝通的管道。

但是,金管會與投信投顧公會在基金行銷上限制非常嚴格,因此,在粉絲專頁上,我頂多只能把自己的週檢討、月檢討報告貼出來,不太能吹噓績效,也不太能鼓吹投資人買進。除了檢討報告之外,我有時候也會評論一下時事新聞,或者向投資人解說一下我的價值投資觀念。

之所以會這樣做,是因為我認為,如果受益人可以了解基金經理人的想法,就可以理解他們所投資的基金,以及績效表現為什麼好或不好。知道原因後,受益人就比較可能在基金遇到逆風時撐下去,也願意長抱,才不會一直發生受益人在我操作績效好的時候買進,在我操作績效不好的時候賣出的錯誤反向操作。我向來是推廣好基金應該買在經理人操作績效不好時,減碼在經理人操作績效良好時,然而實務上,多數受益人都是反向操作。

基本上,粉絲專頁在我操盤績效最好的時候(2013 年),大概就是 1,000人左右的小眾社團,而且我猜這 1,000 人裡面,真正是我受益人的人數恐怕也不多,就算有也不是多數,因此,實質上並沒有發揮多大的行銷與溝通功能。而粉絲專頁在 2017 年時被人檢舉,雖然我寫的內容都符合規定,但是,有次比較粗心,貼投影片(PPT)時,忘記把自家公司的 Logo 去掉,因此才被人檢舉。

圖1　兆豐國際豐台灣基金的長期績效勝過0050
——兆豐國際豐台灣基金績效vs.元大台灣50績效

註：統計時間 2009.09.01 ～ 2012.08.01　　資料來源：MoneyDJ

　　事後回想，這個檢舉相當專業，還直接檢舉到金管會，說我不當行銷。我猜是產業內的人搞的鬼，搞不好還是被我自己公司的人檢舉。不過，我得罪過的人太多，要猜是誰很難！反正，被檢舉後我就把粉絲專頁停掉，一直到2019年，我離開業界後才重新打開，並且改名為「上流哥投資理財粉絲團」。

　　重新打開粉絲專頁後，因為我已經不在投資界了，所以我想怎麼寫就怎麼寫，而且我有公募基金經理人的資歷（這是其他理財達人比較少有的），可以寫一

些大家比較不知道的投信業實務，再加上自己也有長達20年（1年基金＋19年股票）的投資故事可寫，因此，除了讓大家學到我的經驗與觀念之外，我更希望用自身的幽默感，增加投資理財文章的趣味性，讓大家無痛學到投資理財的觀念。

我認為，應該有不少粉絲本來是想來看我寫的笑話，最後也順便學到投資理財的觀念。目前（2019年11月）粉絲專頁已經重開約半年，粉絲人數約有6,800人，是之前的5倍～6倍。我希望之後可以吸引更多的粉絲，好讓更多人能了解我的投資理念。我的「上流哥投資理財粉絲團」在痞客邦還有個分館，那是因為FB看舊文很不方便，所以特別有做個備份在痞客邦。

我會一直執著於開設部落格和粉絲專頁，是因為我在擔任基金經理人時，就一直有個想法，想教育台灣的投資人關於理財的觀念。台灣的教育體系在理財這塊一直很貧乏，明明理財是非常重要的事情，重要性可能還不下於工作專業和性教育，可是性教育現在學校都有在教，投資理財的相關課程卻好像還是很缺乏。即使是企管系、財金系等商學科系，所教的東西也與實務差距很大，我認為有必要再把投資理財的實務經驗跟一些理財觀念補充進來。

因為我的專業就是投資，所以常有朋友會問我投資理財相關的問題，不同的人每問一次，我就要講一次。一直重複同樣的事情，感覺有點沒效率，因此，

我在 2012 年乾脆寫了「理財投資基本篇」，放在部落格與粉絲專頁上，把簡單的投資理財觀念、基金觀念、篩選基金的方法、投資理財書目都寫進去，叫他們先去看 3 遍，看完後還有疑問再來問我，這樣就省事多了。

而我之所以會想要動筆撰寫本書，除了是自己本來就喜歡寫寫東西之外，還有一點就是我想做功德，回饋一下社會。我有幸在一個自由的環境學習，剛好我又有一點點投資天分，能比其他人更早達到財務自由的目標，因此想多做一點事情來回饋社會。因為我的專長是投資理財，所以我回饋社會最有效率且最有意義的方法，就是推廣正確的投資理財觀念。

投資人要了解，理財成果的好壞大大影響到你的財務狀況，也會影響到你的人生與生活品質，甚至還影響到你的家人、朋友。大家常常講到錢，整天把錢掛在嘴上，絕對不是市儈。你從「有錢能使鬼推磨」、「錢不是萬能，但沒有錢卻萬萬不能」這幾句名言就可以知道，錢真的很重要。沒錢的人根本沒資格說自己不在乎金錢，只有有錢到一定程度的人，才能不被金錢左右。如果大家可以提升理財商數（編按：指正確認識金錢的能力和正確使用金錢的能力），肯定也可以提升大家的生活品質，這正是我撰寫本書的目的。

本書共分為 7 章，第 1 章介紹我的投資理財生涯，讓大家可以了解一個在台灣念書、工作的普通上班族，如何從零開始到財務自由。而且近幾年來，我看

到身邊親友的負面經驗，讓我發現到一個事實，許多人無法財務自由不是投資能力差，而是口袋有破洞，因此，第 2 章、第 3 章與第 4 章，我會教大家如何堵住口袋破洞，學會防騙三原則讓大家不再被騙，學上流哥過簡樸的生活，反而可以存下更多的錢；第 5 章、第 6 章會教大家穩健投資的工具與方法，同時規畫你的財務自由與退休之路；第 7 章會介紹目前投資市場的現況與資產配置的建議，讓大家在泡沫充斥的年代也能保住本金、穩健獲利。本書最後還附有我推薦的投資書目，對於初學者而言，看書是投資報酬率最高的一件事。

　　最後，希望讀者看完本書後都能腳踏實地的理財，知道存錢比投資更重要，也不要被行銷手法糊弄，迷失了理財的方向。我相信，只要大家都走在對的理財道路上，不管速度快慢，終究都能走到財務自由的終點線。

上流哥

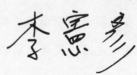

第1章

上流哥的事蹟

🐷 1-1 國小玩彈珠台 苦嘗人生首次破產經驗

　　我大概是從大二開始接觸理財書籍、大三玩基金、大四賣光基金,開始玩股票。但是,我人生第一次對破產有明確的概念,是在國小一年級的時候。

　　那時候,堂哥帶我去玩彈珠台,是那種賭博型的彈珠台,投 1 元就能彈射彈珠 1 次,看彈珠掉的地方來決定有沒有中獎,可能會槓龜,也可能一次就賺個 2 元、5 元,甚至是 10 元,只要中獎至少都能翻倍。我現在看來,那台機器應該不是電子式而是機械式,期望值比較好算,莊家也比較不會作弊。但是,老闆擺那台機器並不是為了做功德,因此想也知道期望值是負的,賭客久賭必輸,然而當時的我並不知道。

小時候每天零用錢10元,打彈珠一次輸光32元

　　我在堂哥的鼓動下,一直投幣、一直投幣,雖然有時會贏,但是到最後,連半小時都還不到,我就輸光了帶去的現金 32 元。當時我每天的零用錢只有 10

元，輸 32 元對我來說是輸光我所有的財產，讓我嘗到人生中第一次的破產。當時我的腦袋一片空白，巴不得那天一開始就沒有去玩打彈珠，老天爺可以把 32 元還給我。我驚訝自己居然平白花掉 32 元，卻什麼也換不回來，怎麼會那麼愚蠢？後來，我才知道那樣的行為叫做賭博，於是我對賭博的印象一直都很差。

在我念國中的時候，台灣流行一種叫「小瑪莉」的電子式賭博機台（有興趣的讀者可以自行上網 Google），玩法也是一次投 1 元，玩家可以押注數個圖案，光點會繞著圓盤轉呀轉，看最後停在哪個圖案。如果光點剛好停在玩家押注的圖案上，你就賺錢；如果光點沒有停在玩家押注的圖案上，你下注的錢就沒了。

小時候真的很白痴，我還以為光點是隨機跑動，甚至是可以預測結果，但是，根本不是這樣。我後來想想，這種猜光點落點的方式像不像現在投資在搞技術分析？拚命想去猜測股價的方向？長大後才知道，電子式賭博機台的程式會讓玩家的勝率很低，比機械式賭博彈珠台還不公平！

那時候有一位同學很愛玩「小瑪莉」，而我完全不會想去玩，因為我知道那是賭博，最後會把錢輸光。我那位同學確實也常常把錢輸光，真的看到他賺錢或大賺的次數少之又少，而且贏的時候還要被拗請客，真的是很沒有意義。

1990 年代（大約是我念國中時），台股萬點泡沫更加深了我對賭博的負面印象。雖然我的家人沒有在玩股票，但是，我從新聞中得知，股票這種東西會對社會、家庭造成很大的負面影響，肯定是個壞東西，我那時就覺得股票跟賭博是同一類的東西。

拜讀《理財聖經》一書，才翻轉股票的負面印象

「股票＝賭博」的觀念一直到我上大學，看到理財大師黃培源寫的《理財聖經》後，我才完全改觀。這本書把我以前對股票的負面觀念完全翻轉，原來不用是富二代，任何人都有可能靠投資、靠複利，變成富一代。雖然沒辦法變成億萬富翁，但是，有可能提早達成財務自由。我以前一直以為，自己會當個上班族，跟大家一樣工作到 60 歲、70 歲才退休，沒想到看完那本書之後，我也開始做起發財夢、財務自由夢。

如果找不到職涯方向
就從業務工作開始

1-2

2000 年，我從大學畢業，當時剛好遇到網路泡沫，台灣的經濟跟就業狀況都不理想，因此我決定先去當兵和念研究所，順便度過那段不好找工作的大環境。結果等到我研究所畢業（2005 年），感覺經濟也沒什麼起色，就業環境只比 2000 年好一點，但是，幸運的是，我找到一份在元富投顧擔任證券研究員的工作，結果 3 個月的新人訓練沒撐過，很快就陣亡了。

陣亡後我去了電子業當 PM（Product Manager，產品經理），那段經歷對我的幫助不小。雖然我在那家公司只待了 1 年，但是，對於電子供應鏈與產品的研發製造流程，有了不少的理解。之後公司業務縮編，裁減消費用代工部門，由於我比較資淺，薪水比較低，因此就被資遣了。

其實這正合我意，因為我本來就不打算在電子業待一輩子，我只是去過個水，學學東西，最終還是想回投資界。後來，我果真靠著待過電子業與投顧業而進入投信業。一開始我是去大華投信（永豐投信前身），可是也只待了 2 個月，

後來藉著業界的人脈，我去了上一家公司兆豐國際投信，之後就一帆風順了。

回顧這一切，雖然我人生浪費了 2 年的時間重考：高中考大學重考一次，大學升研究所時轉換跑道，從工科的工業工程系轉到商科的企業管理研究所，又花了 1 年的時間準備，之後當兵又浪費了 2 年，等我開始工作時已經 28 歲了，但是，從我進入投信到當基金經理人，只花了 2 年的時間。

30 歲升格為基金經理人，35 歲達到財富自由

通常基金經理人都要 32 歲～ 35 歲後才有機會開始操盤，但是，我 30 歲就開始操盤，算是非常年輕的操盤手。等我操盤 5 年後（2014 年），我的資產已經累積到即使不工作也能養活自己了。不過，一直到今年（2019 年）我才決定離職。目前我也不過 40 歲出頭而已，這樣似乎可以稱是後發先至。

我在大學時曾經評估過，如果我要達到財務自由，起碼要等到 50 歲～ 55 歲才做得到，因此，現在可以提早達到有點出乎我的意料之外。我想藉著我的經驗告訴大家，只要你在投資理財的路上沒有走歪，沒有進一步、退兩步，財務自由絕對不是夢，而是很實際的願景。

事後回想，我能那麼快就達到財務自由，其中最重要的部分是，我從大學畢

業後的幾個重要決策都做對了：選對了研究所（當初在國立清華大學經濟研究所與國立中央大學企業管理研究所二選一）、進對了產業（投信業），做我最擅長的工作（投資股票），最後在投資理財的道路上穩健的前行，幾乎沒有走錯路，目前也順利地達到了財務自由的里程碑。

　　從我 10 多年的職涯經驗來看，選一個你熱愛的產業，而且是你專長的工作，非常重要。我從 1998 年讀大學時就開始接觸投資，到了 2005 年，我早就累積了 7 年、8 年的投資經驗，因此，等我進入投信業時，幾乎是直接實戰，驗證我的投資能力。

　　受到法規的限制，研究員要有 2 年的投顧經驗，或 1 年的投信經驗，才可以升任基金經理人，但是多數人進入投資界，都是要先從證券、投顧先歷練起，有了 1 年、2 年的資歷之後，才有機會跳巢去投信，再等幾年才有機會升為基金經理人。可是很多人等了老半天也沒有等到升遷的機會，有可能是績效不被肯定、有可能是公司根本沒有空缺的基金，幸運的是，這一階段我升遷得非常快。

　　我離開電子業就直接進入投信擔任研究員，績效非常出色，中間有好幾季我都是國內部所有研究員的第 1 名，加上我長期的累積績效也非常好，因此才有辦法 2 年後就被長官選中，從研究員升任基金經理人。

　　等我正式操盤後，績效又馬上爆發，才接基金 2 個月就被雜誌採訪，之後 4 年，我的操作績效一直維持在高檔，媒體曝光度也不錯，薪水也隨之調升，年薪從剛開始工作的 70 萬元左右，最高時有 180 萬元，就算之後我的價值投資法遇到逆風，使得績效排名變差，可是，因為底薪已經大幅提高了，所以年薪也至少維持在 120 萬元。雖然這個薪資在業界不算高，但是也算是個值得大家參考的個案。

努力工作的報酬率，遠比投資理財來得高

　　在投資界待了那麼久，我個人認為，你花在工作上的努力，其投資報酬率會比你投資金融商品還來得高。以我來說，短短幾年就可以把每年工作的收入現金流翻上 1 倍、2 倍。大家要知道，在一般情況下，想讓自己的投資配息金額翻個 1 倍、2 倍，可沒那麼容易，通常本金也要翻個 1 倍、2 倍才有可能。

　　當然，我算是比較順利的個案，大家想要跟我有一樣的加薪速度與加薪幅度也許比較難，但是，只要你努力，在工作 10 年左右，月薪應該會比剛入職場時多出 50% ～ 100%，甚至接任主管職。境遇比我好的人也很多，只要你待在比較好的電子公司擔任業務，並且工作表現優異，累積 10 年的資歷，年薪 200 萬元～ 300 萬元也大有機會。當然，我個人在投資理財上最大的優勢是贏在我還單身，花費少、存錢快，因此我現在可以不用工作，做自己喜歡的事。

　　假如你不知道自己喜歡做什麼的話，我很推薦還沒找到工作的人，或職涯才開始不久的人去做業務。當你站在老闆的角度來思考，就會知道業務能力有多重要。即使你有一個很棒的產品，要是沒人知道也沒用，不過，如果你有一個普通的產品，只要靠一個厲害的業務，就有可能賣得嚇嚇叫。

　　而且業務還有一個優點，就是它所需要的學歷、專業門檻不用太高。雖然海外業務需要有外語能力，但是，國內業務的語言能力的要求就沒那麼高，更重要的是你與客戶的溝通能力、積極服務的心態、鍥而不捨的精神等等。

　　很多產品的專業都是可以之後去學習，就像我常講的，投資靠天分，業務也有部分是靠天分。但是，業務的天分跟投資的天分比較起來，後者可能是萬中無一，前者卻是很多人都有。看看你身邊那些同學或同事，如果有那種特別容易跟人打成一片的、特別會把妹的、特別會吸引人的，他們就很適合當業務，我就承認我沒有這個天分。

　　既然業務這個工作那麼重要，那麼優秀的業務能拿到很高的薪水，就是一件很正常的事情。然而在就業市場上，求職的新鮮人似乎都排斥這個工作，可能是他們拉不下臉去求人，也可能是他們覺得業務要扛業績，很辛苦，但是，市場上高階、高薪的工作，哪個不需要扛責任、扛業績、扛績效？也因為求職市場中，大家都去追求坐辦公室的助理職缺，所以導致那些工作的應徵人數，遠

遠大於職缺，薪水也就不佳。反倒是業務工作，大家都不敢去挑戰，因此，你只要願意去試試，也許會發現你根本就是做業務的人才。

我就有認識法律系畢業的朋友，雖然律師、法官都考不上，但是，他那張嘴很厲害，而且做人、做事都很有一套，做了業務後沒多久，薪水就比我高很多了。還有一位前同事，過去一直是當總經理祕書，結果被總經理發現了她的潛力，有點強迫她轉換職位，讓她去做電話客服（這個職位具業務性質，也有業績獎金）。雖然她一開始有點抗拒，但是幾年下來，做得比很多資深業務都還要好。她就是有辦法跟受益人在電話裡講得很熱絡，把客戶關係搞得很麻吉。

一般來說，如果你在學校裡是人際關係好的那種人，做業務基本上都沒有問題；如果你不是那種人，是比較悶的人，也是可以考慮去試試，或許你內在的另一面就被翻了出來。藉由做業務，把自己從內向的人翻成外向的人也說不定。

業務工作的重要性，連張忠謀都肯定

業務的重要性，就連晶圓代工龍頭廠台積電（2330）的創辦人張忠謀也給予肯定。他在 2019 年 10 月，在清華大學的演講中曾經提到，他認為，業務行銷跟技術是一樣重要的。他自己在當上總經理開始，就常常出去找客戶，整個美國都跑遍了，直接詢問客戶的意見與想法，因為「沒有業務員你根本沒生

意，不會獲利，根本活不了。」因此，我很推薦大家去當業務。

畢竟最近 20 年來，台灣社會就如同大家所見到的一樣，經濟成長趨緩，薪資停滯，好的工作機會不多，甚至連投資界的好工作都還不斷變少，不過，不管是什麼時候，每一家公司都需要業務。

而且我建議，現在的畢業生或職場新鮮人眼光要放遠、放廣，你不見得一定要在台灣工作，你可以去中國、去東南亞、去美國、去歐洲、去海外任何地方。台灣沒機會，你可以去全球找機會，不過，你的專業與語言能力必須先準備好，而不是等到機會來了，你因為能力不足而錯失了。

1-3 存錢能力強＋開銷少 不到40歲達到財務自由

　　談完職涯，接著來談理財，講一下我的理財經驗給大家參考。我個人的投資經驗可以算是成功的個案，雖然感覺上有點在作弊，因為我初始資金就比別人多，加上我沒車、沒房、沒結婚，也不用養小孩、養女友，而且我存錢能力超強，投資能力也不差，這些特點加起來讓我達到財務自由的時間，比別人早了不少。上述的每一點都讓我可以超前別人1年～3年達到財務自由，一般人要60歲～65歲退休，我卻可以在不到40歲就已經達到財務自由。

　　我在大學時期，投資股票的資金就有30萬元了，1年、2年後在當兵時，資金已經擴大到100萬元了。那些錢只有一部分是我打工賺來的，其餘都是借來的。

　　初始資金中有20萬元是我媽給我的，當兵時又從我媽那邊拿了60萬元。雖然我有從我媽那邊拿了點錢來投資，但是，我念研究所2年的學雜費與生活費，都是我自己出的。因此，嚴格來講，扣掉那個部分，我的資產靠著家人的

幫助還是有限，大部分還是我自己存錢跟投資賺來的。

　　我當兵時是當義務役士官，部隊在台東，那時月薪大概只有 1 萬元左右，而這個微薄的薪水光是每個月坐兩趟飛機來回台北、台東就花光了，根本顯現不出我存錢的能力。不過，當我的資本從 30 萬元增加到 100 萬元以後，我感覺我操作起來獲利絕對值的波動變大了，投資組合的操作與分散風險的容易度增加了。因此，我認為，第一桶金用新台幣 100 萬元當作標準是最適合的。

投資初期操作仍不成熟，但績效卻很好

　　我投資生涯的初期，操作方法還不成熟（是相對於我現在來說。我一開始就是買很多持股的投資組合操作法，操作邏輯已經很成熟了，一般散戶可是從頭到尾都單壓少數幾檔股票），因此績效比較不穩定，跟指數相比，有輸有贏，但是，以年度績效來說，大致上是大贏小輸，還是有在持續累績資產。我研究所畢業後 1 年左右（2006 年），資產就累積到第二桶金 300 萬元了。如果把這個金額當作一個標竿，我不知道有多少人都工作了 10 年還沒存到這個數字？

　　其實，就我現在來看，我投資生涯初期的紀律性不夠，常常又重壓股票了，可能也有點小運氣，有遇到過失敗，但是看錯都小虧或沒賺，壓對的時候則是

大賺了好幾次。不過，那時候我還沒有工作、沒有薪水，資產的增加主要是靠投資。

等我開始工作後，就有薪水可以持續投入，而我的薪水也隨著工作表現快速跳升，投資績效也維持了長時間的優異表現，那時是我累積資產速度最快的時期。基本上，你的工作表現好壞會影響你的加薪速度，當然所在的產業也差異很大，以投資界來說，如果你的績效好，加薪的幅度與速度都很快。

有薪資現金流不斷進來，遇到投資虧損壓力小

還有一點對我來說是有幫助的，我在工作生涯初期就遇到金融海嘯，雖然當下對我的投資績效影響很大，但是，我還在工作，有薪水可以持續投入，而且資產還不算多，遇到虧損還能承受。之後從 2009 年到 2019 年，全球股市有過幾次小回檔，可是整體來看是偏大多頭，我相信很多人也在這 10 年大多頭裡累積到資產。這是歷史上最長的一次景氣多頭，如果你沒賺到這波，那真的滿尷尬的。

如果有人反過來，工作生涯初期就遇到股市多頭，其實這樣比較不好，因為你一開始的資本不大，遇到大多頭確實能賺到錢。但是，5 年～ 10 年後，等你本金變大了，可能開始遇到景氣反轉，這時候虧損的情況就可能會比較嚴重

了。我前面提到，我在 40 歲不到就達到財務自由，那是用比較嚴苛的標準來看，如果我用低標來看（以每年花費總資產 4% 當準則，我所需要的資產大約是 1,000 萬元），我大概在 35 歲以前（2012 年以前）就已經達標。

但是，我以保守的原則考量，想要再多累積點資產，而且我的工作也是我的興趣，表現好的時候有不錯的薪水與獎金，沒必要在那時就不工作，因此，我一直到今年年初（2019 年）才決定離職。我選擇不再當上班族，並且用粉絲專頁來推廣正確的投資理財觀念，再加上我想要常常出國到處看看、花很多時間去練健身，想把身材練回以前游泳隊的水準。

我從開始上班就一直思考工作與生活的平衡，工作是為了更好的生活，但是，很多人往往本末倒置，為了工作而犧牲生活。在沒有拿捏好工作與生活的平衡前，為了工作賠掉健康，賠掉跟家人相處的時間，或者犧牲了自己年輕時的夢想，然後，因為工作很辛苦、壓力很大，所以需要紓壓，又花了大錢買名車、豪錶來犒賞自己，把錢浪費在沒意義的奢侈品上面。甚至因為上班過度勞累，導致健康出了問題，再花大把的鈔票去看醫生、去買藥，結果就是拚了命的工作，卻沒有比別人多存下多少錢，這樣的循環就錯誤了。

如果說你的工作待遇真的非常好，例如：在 IC 設計業工作，雖然天天加班，或者過著爆肝的日子，但是，因為薪水很高、分紅很棒，所以只要熬個幾年就

可以財務自由，這樣的話我可能還可以接受。我也支持年輕人在職涯初期多拼一點，那時候的薪水也最有時間價值，整整有 40 年、50 年，甚至是 60 年的複利價值。

我不建議年輕人在職涯初期就找輕鬆、沒成長性、待遇低、沒什麼壓力的工作。年輕時還是比較有本錢可以衝一下。有可能因為你在工作生涯初期的努力，讓你可以提早幾年退休，這樣算起來，一開始多努力還是很划得來。

努力工作是為了更好的生活，窮忙只是浪費生命

為什麼我會鼓勵大家要早點財務自由呢？這是因為早一點財務自由，你人生的選擇性就會更多。應該很多人都養過倉鼠，看著倉鼠整天跑著滾輪，你會覺得有趣、覺得可愛。不過，假如你就是那隻倉鼠，每天努力跑著滾輪，卻哪裡也去不了，甚至連減肥都沒減到，你會不會有點懷疑你活著到底是為了什麼？

人生只有一次，你既然來了，就應該好好活著、快樂活著，活出自己的價值。如果你只是把自己當成一台賺錢的機器，賺錢只能支持自己跟家人的當下花費，沒有儲蓄、沒有投資，工作到 70 歲或更老之後才退休，那時候也老到什麼夢想都沒有了，就算有也沒錢實現。這樣平淡的一生你會不會覺得跟倉鼠的「鼠生」一樣沒意義？

　　我們多數人都不是富二代，財務自由都要靠自己的努力，何不趁年輕時好好努力個 10 年、20 年？等到資產慢慢累積到一定程度，財務寬鬆，甚至自由了，那時候我們的人生會有更多的可能性，你更有可能做自己想做的事情，也會因此有更快樂、更健康的生活。如此一來，才不杜費你來玩了一次人生 Online。

利用19年實證 價值投資可以戰勝大盤

1-4

前面有提到，我從大學就開始投資，而我的理財規畫裡面，投資占很重要的一部分，因此，補充一下我理財以來的投資績效作為參考。我是實際參與了過去 19 年的台股（1999 年以前我是投資基金，因此是從 2000 年起算至 2018 年），投資績效並非只是電腦模擬出來的數字，是真實拿到的報酬率，因此非常具有參考價值。

遍覽坊間投資書籍，最後只信服價值投資

如果我的投資績效，在 19 年前自己投資初期就可以看到肯定更好。我當初看了一堆台股與價值投資相關的書籍，不過，參考價值都不佳。不僅如此，我也閱讀了很多外國翻譯的書，但是，沒有任何人可以跟我保證，價值投資在台股就一定有用，而我 19 年的投資績效，就是價值投資在台股的實證資料，因此，我現在可以肯定地跟各位投資人說，價值投資在台股是一個非常好的投資策略。

　　剛開始接觸投資時，我看了非常多類型的投資書籍，財經雜誌每期必看，跟投資理財有關的書籍中，價值投資、技術分析、投資經典、投資歷史都看。被動操作的觀念那時其實也有，例如：理財大師黃培源《理財聖經》裡的「隨時買、隨便買、不要賣」，就是很先進的被動投資觀念，只是那時候台灣還沒有指數型基金，也沒有 ETF（指數股票型基金），實際上很難做到被動投資。

　　雖然各種類型的投資書籍我都看，但是我從一開始就是信仰價值投資，我相信價值投資能打敗指數，我認為價值投資就是最佳投資風格，而且適合我的個性。我 19 年來在台股的實戰，更證明了價值投資在台股絕對可行。市場有時候是沒效率的，你只要有能力可以持續發掘出沒效率的地方，並且搭配一套長期穩健的操作策略，在市場波動下堅持價值選股與交易，長期來看是有機會打敗台灣發行量加權股價報酬指數（簡稱報酬指數，是指還原息值的加權指數）。

　　以我投入股市的這 19 年來看，報酬指數的年化報酬率約 4.61%，我每年的績效平均為 10.58%，等於每年打敗報酬指數 5.97 個百分點（詳見表 1）。我在 2009 年 9 月到 2018 年 8 月操盤公募基金——兆豐國際豐台灣基金時，在我績效最好的前 4 年，我的基金長期累積績效大概是投信業國內基金的第一名到第二名左右。就這個表現而言，某個程度上也可以說明價值投資在基金操盤上也是可行的，但是實際操作是很難的，因為價值投資根本不是投信業的主流投資法。

　　而我在操作公募基金時，面對各方的質疑可不少，常常要買大家不看好，或者流動性不佳的股票，尤其是價值投資遇到逆風時，我的績效排名可以輸別人很多。我操盤 9 年的基金績效，最後總結是稍微比元大台灣加權股價指數基金高一點（詳見圖 1），但是，以長期績效來講，已經是台灣同類型基金排名的前 1/5，這也表示，排在我後面的基金都輸給報酬指數了。

　　此外，由於公募基金有高昂的管理費用、保管費用、雜費，以及交易成本，每年比指數股票型基金多出 2.5 個百分點以上的費用，因此，如果基金經理人在高額費用下，其操盤的基金績效還可以打平指數，就表示經理人自己操盤至少可以打敗指數 2.5 個百分點以上。就我個人的績效而言，每年平均可以贏過報酬指數（編按：報酬指數沒有費用，是虛擬指數，要扣掉費用的指數股票型基金才是實際可以拿到的績效）5.97 個百分點，已經是表現不錯了。

　　投資人可以參考我的績效來對比，其實我相信，一旦時間拉長，如果之後價值開始回歸，我的排名有機會再回到前段班。不過，我現在已經離開業界，因此也沒有辦法繼續用公募基金證明給大家看了。

　　我開始操盤後有叫親朋好友買進我操盤的基金，很多人都有買，我媽也有，如果可以長期投資，大約能有 120% 的績效。我接手基金時，台股已經從金融海嘯的低點反彈到了 7,000 點左右，不過，至少從 2009 年起，這 10 年的

表1 **上流哥的操作績效平均勝過大盤5.97個百分點**
——上流哥19年操作績效

年度	操作績效（%）		加權（報酬）指數績效（%）		績效差異（百分點）
	年度	累積	年度	累積	
2000	-20.25	79.75	-40.40	59.60	20.15
2001	12.17	89.46	20.63	71.89	-8.46
2002	5.57	94.44	-16.30	60.18	21.87
2003	21.27	114.53	35.80	81.72	-14.53
2004	58.27	181.26	7.59	87.92	50.68
2005	-5.38	171.51	10.94	97.54	-16.32
2006	13.87	195.30	24.44	121.39	-10.57
2007	45.45	284.06	12.50	136.55	32.95
2008	-36.02	181.74	-43.07	77.74	7.05
2009	116.96	394.30	83.34	142.54	33.62
2010	37.29	541.34	13.57	161.88	23.72
2011	-9.22	491.43	-17.98	132.78	8.76
2012	16.86	574.28	12.94	149.96	3.92
2013	21.38	697.06	15.14	172.67	6.24
2014	-2.96	676.43	11.39	192.33	N/A
2015	1.52	686.71	-6.87	179.12	N/A
2016	-0.30	684.65	15.59	207.04	N/A
2017	-13.99	588.87	19.52	247.47	N/A
2018	14.87	676.43	-4.83	235.52	N/A
年均	—	10.58	—	4.61	5.97

註：1.加權（報酬）指數年度績效欄位2004年～2018年為台灣發行量加權股價報酬指數績效，有包含除息蒸發的配息績效，2000年～2003年因為沒有此資料可以參考，所以用加權指數年度績效＋3.5%配息計算；2.2014年以後操作與建議已經完全改為多空對沖型態，而且偏空操作，因此不適合直接跟指數相比，投資人參考絕對報酬率即可；3.近5年長期績效受到偏空操作的影響，如果之後台股崩盤就可以大幅拉上來；4.2000年以來的累積績效是用「前一年的累積績效×（1＋當年的年度績效%）」，假設初始值為100　資料來源：台灣證券交易所、上流哥

大多頭，我的受益人是沒有 miss 掉（錯過）的。

不過，你也可以反面看這些數字，以我的投資能力加上我在投資界的資源與專業，我也不過每年打敗指數約 5.97 個百分點。如果可以有和我一樣的投資報酬率，那麼花這些時間跟資源也許值得。但是，如果你的能力比我差，只贏指數 1 個百分點～ 3 個百分點，那麼花這麼多的時間跟資源，可能就沒有什麼意義。你去想辦法降低費用率跟節稅，搞不好就可以影響 1 個百分點～ 2 個百分點的報酬率。

因此，我建議多數人還是在工作上努力，在工作上求升職加薪比較實在。薪水的增加在投資與工作生涯初期對資產總額影響更大，投資的部分只要去從事被動投資就好。

操作以被動投資為主，但適時布局價值被低估標的

以我的經驗來說，在台股就常常可以地上撿錢，有時會有很棒的投資機會出現，而且市場扭曲到很極端時，常常有些資產是非常便宜。我之前買 REITs（不動產投資信託基金）就是這種案例。那時 REITs 市場的價格，只有淨值的 7 成，每年又配息 5%，很值得投資。好笑的是，我推薦給我的朋友時，他們都說投資報酬率太低，結果 REITs 後面幾年累積報酬率至少賺 1 倍。

圖1 兆豐國際豐台灣基金績效，多數時間都贏過大盤

——兆豐國際豐台灣基金績效vs.元大台灣加權股價指數基金績效

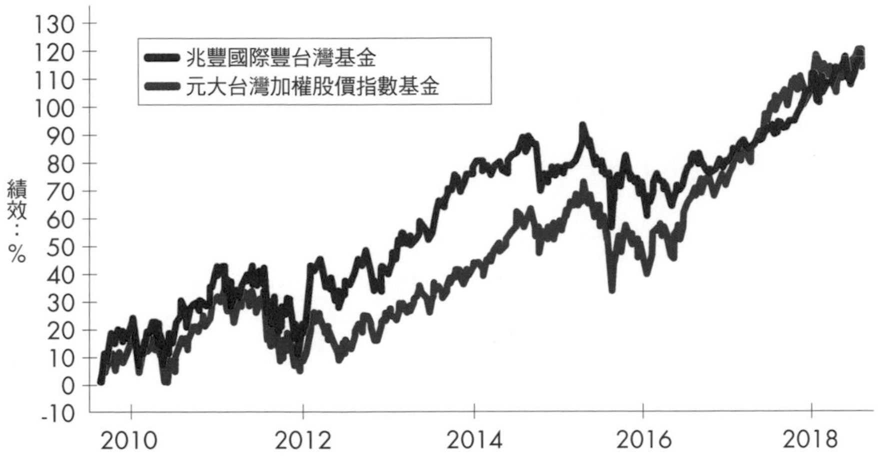

註：統計時間 2009.09.01 ~ 2018.08.17　資料來源：MoneyDJ

　　除了 REITs 之外，只要投資人仔細去挖掘就會發現，去年（2018 年）我操作的基金，裡面的持股也感覺是遍地黃金（網路抓得到我操盤公募基金的持股）。有許多股票，明明就是成長股，卻用價值股的價格賣給你。因此，如果你有點價值投資的觀念，我建議，你的大部分資產可以被動投資為主，但是，一旦投資機會出現時，你也可以考慮主動配置一些資金在這類價值被低估的資產上，也許你每年就可以多賺一趟出國的錢了。

第2章

堵住口袋破洞》
消費失控

2-1 堵住口袋破洞 是解決理財問題第一步

了解完我的事蹟之後，接著要來和大家聊聊一些我覺得理財上很重要的事情。提到理財，我本來是想推廣投資中的複利觀念，教大家如何用複利的效果來致富，但是，後來我的觀念有點轉變，因為這些年下來，我看到太多的案例，多數人理財出問題的主因，根本不是投資能力有問題，而是他們的口袋破了洞，留不住錢，導致沒有多少本金可以投資。

一旦本金過小，高報酬率也難快速累積財富

就常理來說，工作愈久，薪資愈高。但是，你有沒有想過，為什麼你賺的錢愈多，卻不見得可以把錢存下來呢？因為你的消費會跟著你的收入呈現正成長。當你年收入 50 萬元時，你每年可以花 50 萬元；等到你年收入 150 萬元時，你也可以年花費 150 萬元。日常生活中的食、衣、住、行、育、樂各項花費，都能輕易地跟上你的所得，大概要到年收入達 300 萬元～ 500 萬元後，一般的日常花費才跟不上所得，可是多數人通常賺不到那麼多錢。

　　一旦你存不到錢，投資本金就無法增加，在這種情況下，再怎麼厲害的操作，對財富的增長也有限。舉例來說，假設你身上只有 10 萬元本金，即使你再怎麼厲害，都看不到多大的複利效果。即使你可以每年獲得高額的投資報酬率，例如：100%，10 萬元頂多滾成 20 萬元，此時你離財務自由還是很遙遠，還不如擁有 1 億元的本金，只要賺 1% 的報酬率就有 100 萬元了。

　　意識到這一點之後，我覺得得先幫大家把口袋破洞補住，再教大家投資的複利效果才有意義。為什麼很多人的口袋有破洞呢？我認為原因有很多，有些人是消費行為失控，賺多少就花多少，存不到錢；有些人是常常遇到詐騙，好不容易有個幾十萬元的本金，遇到一次詐騙又清空資產；有些人是不當投資，每隔幾年就會在股市虧光近年的存款，永遠在吃「龜零膏」（編按：指資產歸零）。下面我會一個一個來介紹。

　　在繼續探討前，我們先來了解一些行銷學的基礎觀念。所謂的「需要（needs）」與「欲求（wants）」是不一樣的：需要是你生活必須有的、欲求是你想要但是可有可無的。滿足「需要」所要的花費與滿足「欲求」所要的花費，差距可能極大。例如：一家 4 口住在 30 坪～ 40 坪的房子就已經足夠了，因此，30 坪～ 40 坪的房子就是需要；但是，如果你想要住到 100 坪，甚至 1,000 坪的房子，想在家中放很多的東西，或想要買豪宅來炫富，這些部分就是屬於欲求了。

再拿其他例子來看，吃池上排骨便當只要花 80 元，但是，你吃「教父牛排」得花到 2,000 元；一樣是喝咖啡，你每天自己泡，跟你每天喝星巴克就有差別。蘋果（Apple）執行長庫克（Tim Cook）就曾經說過，「你每天 1 杯咖啡的錢就可以買 iPhone。」沒錯啊！你每天都喝星巴克這種 1 杯 150 元的咖啡，1 年你得花 5 萬 4,750 元。超商的咖啡比較便宜，1 杯也要 50 元，你去全家一次買很多，並且寄杯，即使每杯的價格可以降到 40 元，1 年下來你還是得花 1 萬 4,600 元。

我不喝咖啡，因此我每年就可以多省下 1 萬元～ 5 萬元。我就是搞不懂，星巴克 1 杯咖啡 150 元，大家怎麼可以喝得這麼理所當然，難不成大家的收入統統都喝得起？我就覺得以我的所得來講，我喝不起，還好咖啡不是我生活的必需品，我完全不需要花錢在咖啡上面。

在做財務規畫前，先把人生規畫想清楚

我現在連手搖飲料都很少買了，我大學時期還常常買珍珠奶茶，不過那時候 1 杯只要 20 元～ 25 元，還算親民呀。綠豆沙更便宜，1 杯只賣 15 元，現在隨便買個手搖飲料，居然都要 50 元以上，我是覺得滿扯的，畢竟以目前的價格來看，池上排骨便當有 1 塊排骨，加上好幾樣配菜，也只要 80 元。我在想，如果大家多喝水、少喝飲料，不只比較健康，每年還可以省下非常多的錢。

另外，一般人還有一些讓我完全不能理解的觀念，例如：有次聽到我同學講五子登科，講得很開心，好像是什麼人生了不起的成就。然後我就一個一個研究了一下，「五子」大概是講車子、房子、妻子、孩子與金子。這五子除了金子之外，其他每一項都是費用項，都會拖累你達到財務自由的時間。當然每個人的價值觀不同，你可能想要追求五子登科，我追求一個人的自由，因為每個人的人生觀不太一樣，所以每個人的投資理財規畫也不太一樣。

因此，在做投資規畫前，我建議大家先把自己的人生規畫想清楚，娶妻生子不只是財務上的負擔，也是一種重大的責任。也有很多當爸媽的朋友跟我說，那是甜蜜的負擔，而有幾個朋友本來是單身或是沒小孩，到了中年忽然說想要娶妻生子、傳宗接代，我覺得都 OK。人生是自己的，只有你自己可以給自己的人生打分數。有捨才有得，你們願意努力解決台灣少子化的問題，我則是幫大家提升一點理財 EQ，希望大家都可以有更好的生活品質。

2-2 過度消費不但浪費
更是存不到錢的元凶

　　消費失控是造成口袋破洞的原因之一，而消費之所以會失控，除了消費者自制力不佳之外，有很大一部分的原因是物質主義的盛行。

　　商人為了賣你東西，會不斷地引誘你，導致消費者該買的買了，不該買的也買了。只要廣告一出來，大家看到之後就會想，我是不是也需要那個東西，是不是也應該去買一下？然後身邊的人都買了之後，又引起「從眾效應」，第二批的人也去買。等到大部分的人都買了之後，沒買的人也開始覺得那個東西可能是必需品，自己也必須要有一個。

　　舉例來說，商人推出手機殼之後，有人為了讓手機看起來更漂亮，就跑去買了一堆手機殼，但是你只有一支手機，真的需要那麼多殼嗎？或是有人喜歡某個款式的衣服、鞋子，同一個款式又買了好幾件，好幾種不同的顏色，可是你只有一個身體、一雙腳啊！你是一次可以穿好幾件衣服、好幾雙鞋子嗎？或是有建商推出豪宅，不過你真的需要住在那麼大的房子裡嗎？房子大就難打掃，

就需要請傭人，因此又弄了一間傭人房。最慘的是你忙著賺錢，買了豪宅卻是傭人在享受。

你有沒有曾經在電視廣告看到有些健身器材還不錯，裡面的 model（模特兒）身材都很好，彷彿自己照著做就會跟他們一樣有六塊肌。結果器材買回去之後，先不管到底有沒有效，你根本也沒有用過幾次，就丟在一旁占空間了，你的肚子過了 10 年還是沒有消。就好像我弟前幾年買了 1 輛摺疊腳踏車，後來完全沒用到，丟到樓梯間占空間，現在連輪胎都消氣了。

強烈的物質欲望導致浪費與破財

你知道嗎？以前結婚不需要拍婚紗照，也沒說一定要買鑽石，畢竟鑽石恆久遠，1 顆就破產。鑽石為什麼那麼貴？主要是因為鑽石的供給被少數的廠商壟斷。控制了供給，價格就會大幅上升。最近幾年中國的人造鑽石大量出來，真鑽石的價格就漲不太動了。與其花大錢買鑽石，那種華而不實的東西，不如多出國幾次，或是投資自己，或是上幾堂資訊課程。

你知道嗎？如果你是病人，身體很虛弱，營養攝取不足，或者你是運動員，每天持續鍛鍊，大量消耗營養素，才需要去買維他命等健康食品來吃。不然一般人，只需要正常飲食，就可以從食物中攝取到足夠的營養，完全不用花大錢。

更何況，有不少研究發現，多吃維他命根本沒有用，甚至可能還有副作用。你從食物攝取維他命，跟直接吃藥丸，對人體機制而言，根本是不同的東西。

你知道嗎？現在的小孩往往有一大堆的玩具，但是他們真的有比以前的小孩開心嗎？我小時候根本就不需要玩具，玩玩路邊的沙子，用竹筷子做成手槍射橡皮筋，跑來跑去玩鬼抓人，或者是騎馬打仗、跳格子、跳高（我國小低年級時都跑去跟女生玩跳高）、跳繩、扯鈴就很快樂了。這些東西需要花多少錢嗎？不需要，就算有也沒多少錢。

現在很多小朋友都是獨子，一個人在家根本玩不起來，相對於物質，小孩更需要的是家長的陪伴。只要爸媽可以陪著他，他就會想出一大堆不花錢的花樣來跟你玩，而且玩得更開心。現代人在物質領域比以前豐富，精神上卻相當匱乏，浪費錢買一堆東西，卻沒有更快樂。我們是不是應該想一下，不要老是想用物質來解決問題，就算可以解決，也常常是短期效益而已。

有時候愈是非物質的東西、愈是用錢買不到的東西，才是你最應該去想辦法得到的東西，因此，不要老是為了要彌補工作太忙、沒時間陪小孩的愧疚感，而買一堆玩具給他們。回歸親子關係的初心，把你的時間空出來，把你的時間花在小孩子身上，才是最有價值的。不只對你的小孩來說是這樣，對你自己也是一樣。

相信很多人都有類似的經驗，買了衣服、褲子之後，從來沒有穿過就把它們拿去丟了？連我這麼節儉的人都有不少次這種相關經驗，我懷疑其他人說不定更多。我有好幾件 Levi's 的牛仔褲，買的時候我想說各種款式都買好了，連窄腰的也試試看。當初試穿時已經有點緊（寬腰版的買 30 腰，胖到 31 腰、32 腰時可能還穿得下，窄腰版的只要胖一點幾乎就沒辦法了），我記得當時是買 28 腰（或 29 腰），後來我胖了，變成 33 腰〜 34 腰，一堆褲子就穿不下了，感覺很浪費。我又留了那幾件褲子起碼 10 年，一直以為我遲早可以瘦回來，可惜這一天一直沒有到來。

這種變肥導致穿不下去的感覺還不算是故意浪費，我曾經買過一些衣服，買的時候也不知道腦洞大開什麼，最後，因為版型很奇特，所以不好搭配，買來到丟掉也沒穿過幾次。有時候大家買新衣服都只想說要換個造型，一旦有這種想法就千萬不要買，因為我們最後都還是穿自己習慣的造型而已。

我穿衣服穿到後來，都直接買我最喜歡的那幾種運動風格，而且我重視功能性超過美觀性。當初買衣服，樣式奇奇怪怪的、不好搭配的、功能性不好的、不好穿的、運動起來不方便的，最後穿的次數都很少。我後來發現，最常穿的還是那些舒服的、保暖的、輕便的、適合運動的，因此，我現在買衣服都以運動風為主，而且，就算是知名品牌（例如：Nike、Adidas、UA），其實也不會很貴，特價時去買或去 outlet 買，也常有便宜貨。

這是我自己的經驗，我不確定對你們有沒有參考價值，如果你們也有衣服買來卻從來沒有穿過的經驗，那麼下次買之前就應該多想一下，不要買了又不穿，很浪費。或者你可以看看自己的房間，看看你的家，有多少東西是 1 年僅用幾次的，當初買來是不是就是個錯誤的決策？你看看衣櫥，有多少衣服是 1 整年沒穿過幾次的？你看看你的書櫃，有多少書是買來後翻都沒翻過的？

檢查一輪後，你下次買東西時就會多思考一下，會不會 1 年後檢討時，現在準備要買的東西，最後都出現在沒用到的雜物裡去了？多了這層思考，有可能你 1 年就少買很多東西了。

全球消費者的購衣量增加，但是使用率卻下滑

而且過度消費也很不環保。諮詢顧問公司麥肯錫（McKinsey & Company）的統計，全球消費者每年購買衣服的平均數，2000 年至 2014 年間暴增了60%。而致力於推動循環經濟發展的艾倫・麥克阿瑟基金會（Ellen MacArthur Foundation）也表示，1 件單品在被丟棄前會穿著的次數，2002 年至 2016年間下滑了 36%。從統計數字來講，意思就是你買了更多的衣服，不過也降低了衣服的使用率。這是很沒效率，也很不環保的行為。

也許有人會想，我可以把不要的衣服拿去回收，其實回收也沒有你想得那麼

環保。雖然累積了大量的舊衣物，但是將舊布料拆解製成新布料的技術還在起步階段，因此，那些衣物最後還是會被丟棄或焚毀。

　　根據美國國家環境保護局（EPA）的估計，美國垃圾場掩埋紡織品的重量，2000 年至 2015 年間暴增了 67.7%，再加上現在的衣服都是混合材料，很難回收再利用。回收的衣物大多被製成更低價的產品，例如：擦拭布或隔熱材，最後還是變成垃圾。真正含回收材料的衣物反而常用廢塑膠製成，而非舊布料。因此，我建議大家，只買自己需要的東西就好。

2-3 購買不必要的奢侈品 會降低資金使用效益

除了受到商人的誘惑之外，虛榮心、同儕壓力等因素，也是造成民眾消費失控的原因。

我在新聞上看過，有個高中生說，班上多數的同學都使用 iPhone，讓他這種不用 iPhone 的人，感覺壓力很大。此外，根據手機小說《野草莓》於 2017 年 9 月的調查顯示，日本女高中生裡有 6 成都是使用 iPhone。對日本女高中生來說，如果沒有用 iPhone 就會被同學排擠。而且，因為 Android 與 iOS 是不同的系統，有很多 App 只有 iOS 系統可以下載，如果你不是用 iPhone，就會跟同學沒話題聊，導致家長就算買不起最新款的 iPhone，也得買個舊款的 iPhone 給孩子。

最極端的一個例子是，2011 年 iPhone 4S 剛上市時，中國有位 17 歲的年輕人，他為了能買 iPhone，竟然將腎賣掉，獲得了約新台幣 10 萬元。當初他霸氣地說，腎 1 顆就夠了，要 2 顆幹什麼？結果，不幸的是，醫院手術環境非

常差，他遭受到感染，健康惡化，如今成了傷殘人士。為了 iPhone，他連健康都賠進去了。因此，大家常常開玩笑地說，賣腎買 iPhone，這可是真實的案例啊！

　　網路上有很多酸民，都很喜歡酸買 iPhone 的人，大概是形容只有愛慕虛榮的人才會買 iPhone 吧。2019 年年初，我跟兩位朋友一起吃飯，手機拿出來擺在桌上，我當時用三星 S7，已經 2 年多，另一位朋友用 iPhone 舊款，也用了 2 年～ 3 年。我好歹是已經財務自由的人，而那位用舊款 iPhone 的朋友，年收入起碼也是 200 萬元起跳，而第三位朋友的年收入只跟一般人差不多，甚至還少一點，結果，他用當年度最新款的 iPhone ！

iPhone 很好但要衡量自身能力，切勿越級消費

　　這個對比不覺得有點諷刺嗎？如果真要對比，以我和我朋友的收入跟資產來說，應該更有資格拿新款 iPhone。至於那位真的拿最新款 iPhone 的朋友，我覺得他已經是越級消費了，這叫做打腫臉充胖子。他的收入如果拿 1 萬元左右的手機可能比較適合，買到 iPhone 就已經超標太多了。當然我也不會說他買不起，現在買手機可以分期，每期多付個 1,000 元、2,000 元，就可以拿 iPhone。但是，你本來當年可以多存個 1 萬元、2 萬元，因為買了 iPhone，所以相對少存了 1 萬元、2 萬元。

然後，我問你，那些愛慕虛榮買 iPhone 的人，難道只有手機會越級消費嗎？會不會衣服、褲子、手錶、包包、鞋子等，其他外在的配件上也花了大錢呢？何況，iPhone 在創辦人賈伯斯（Steve Jobs）還在世時，確實比 Android 手機好看，操作起來也比較流暢，那時 iPhone 的價位也還相對比較合理，但是，賈伯斯過世後（編按：賈伯斯於 2011 年 10 月 5 日驟逝），蘋果似乎就沒有創新了，而 Android 手機的諸多性能也慢慢跟上，甚至超前蘋果，光是 iPhone 螢幕尺寸放大就晚了 Android 手機 2 年。

iPhone 現在還會偷偷幫使用者降速，並且只提供永遠的 5W 充電頭（2019 年 iPhone 高階款總算有附 18W 的充電頭了），想要快充就必須再去充值信仰（編按：指消費者要花更多錢得到需要的服務），花上千元買快充的電源供應器。另外，iPhone 修理起來也是貴死了，一修幾乎又是一支 Android 手機的價格。很多買 iPhone 的人其實沒錢修理，對他們來說，只能祈禱手機永遠不要壞掉。

這幾年 iPhone 的新機發表會，看到的不再是令人驚豔的規格，只有不斷突破天際的價格，以及不斷創新高的重量。我感覺，目前 1 支 iPhone 的價格，從 iPhone 11 最便宜的 2 萬 4,900 元，到 iPhone 11 Pro Max 最高規格的 5 萬 2,400 元，你起碼花了 1/3 到 1/2 的費用，在買蘋果的 B 格（編按：指有檔次的格調）。

經濟學有「價格彈性」這個名詞，是用來衡量價格變動所引起數量變動之敏感度指標。iPhone 的需求價格彈性就相當低，意思是它不管賣多少，你就是會很想買 1 支，價格怎麼漲都不會影響你的需求。

憑藉著大家對 iPhone 的信仰，iPhone 的需求一直非常堅挺，從第 1 代的 499 美元（約合新台幣 1 萬 4,970 元）、iPhone 3G 的 599 美元、iPhone 4S 的 649 美元，一直到 iPhone X 的 999 美元（詳見圖 1），突破天際的價格後，大家才受不了價格的上漲，讓需求開始出現疲弱的現象。

iPhone 真的是近年來少見的消費性電子產品，可以相對同業競爭產品溢價這麼多，毛利率可以維持這麼高。眾多手機廠商裡，只有 iPhone 平均有高達 40%～ 50% 的毛利率，其他手機廠商（的毛利率）可能連 20%～ 30% 都不到。如果 iPhone 現在馬上降價 50%，我懷疑銷量反而不會增加太多，因為 B 格沒了。因此，我實在搞不懂為什麼有人要花大錢在手機上面，難不成，你真的認為你拿了 iPhone，別人就會尊重你？

如果你還是學生，拿 iPhone 確實比較吸睛，因為多數學生根本沒能力拿新款的 iPhone。不過，等你開始上班之後，就不是拿不拿得起的問題，畢竟很少有誰的月薪買不起，這時候就是價值觀的問題了。你把錢花在手機上，你的其他花費就會被排擠。就好像你工作生涯初期寶貴的資金，原本可以用在投資上

面，但是你拿去買 iPhone，結果對你投資生涯有最大複利效果的資金，就被花掉了。

如果你知道複利的觀念，就應該也要知道，如果你把 25 歲時買 iPhone 的錢拿去投資，等到你 60 歲時，那會是一筆很可觀的資產。例如：你將買 iPhone 的 2 萬元拿去投資在報酬率 10% 的商品，經過 35 年的複利成長，這筆錢在你 60 歲時，會成長為 56 萬 2,048 元。運用同樣的概念，每年換最新款 iPhone 的人，和每年都用便宜手機的人相比，在 60 歲時，資產就會差了 100 萬元～ 200 萬元。我自己常常會考量複利的影響，導致很多東西就不買了。

除了買 iPhone 之外，很多人會將錢花在買名錶、買名車上面。例如：在我 30 多歲之後，身邊開始有人購買比較昂貴的手錶，1 支手錶的價格，幾萬元是基本，10 萬元到 20 萬元是小品，50 萬元以上才可以彰顯身分。

我就覺得好笑了，以前大家都戴電子錶，現在是手機的時代，你看時間根本不需要多戴 1 支錶，結果大家居然在有點年紀後，有點資產後，開始感覺不戴手錶的話，手上有點空虛？我個人覺得，看手機上的時間就夠了，戴手錶根本是累贅。

另外，有一位朋友跟我說，這 10 年、20 年來，他花在機車跟改裝上的錢

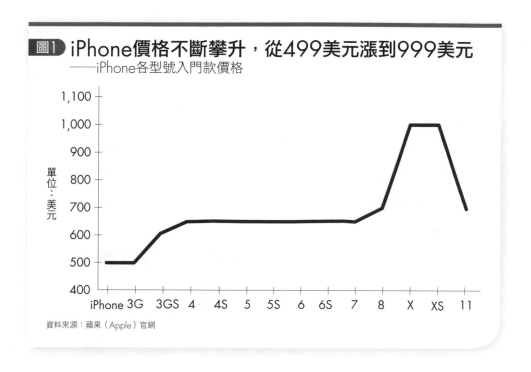

圖1 iPhone價格不斷攀升，從499美元漲到999美元
——iPhone各型號入門款價格

資料來源：蘋果（Apple）官網

超過了 1,000 萬元。如果是我的話，我寧願用這 1,000 萬元換取財務自由，而不是每天努力工作，卻換來一堆改裝重機。

當然啦，我這位朋友的案例有點極端，不過我認為，如果你對重機有興趣，花個 30 萬元、50 萬元買輛重機來玩個 10 年，這樣還算 OK。如果這筆金額讓你得到很大的快樂，那麼就花得值得。但是，如果你是買了車子、將可以改的地方都改完後，又想換下 1 輛車，這種玩法，我就覺得很愚蠢。即使你有本

錢可以這樣花，我還是覺得很蠢，因為你花了大把的鈔票，結果得到的愉快都很短暫。

以我自己來說，這種類似的嗜好或玩具，我自己也有一點。我買了 1 輛要價 3 萬元的公路車，還買了相對有 CP 值（編按：cost-performance ratio，又稱性價比，指性能和價格的比率）的牌子。以我的資產與收入（我的資產達上千萬元，我之前還在職的年收入超過 100 萬元），我最大的奢侈也就這樣了。

物品會隨時間貶值，而投資會帶來更多財富

畢竟我這個人最有價值的地方在我的腦袋、我的文字，而不是我的外表，更不是我擁有的身外之物，我看人也只看內涵，如果你沒腦袋、沒專業，那你對我而言就沒價值，我也懶得認識你。

最近很流行一句話，「錢沒有變不見，它只是變成了你喜歡的東西。」有了這句話的鼓勵，大家消費起來更加肆無忌憚。從投資理財的角度來看，雖然你的錢變成了你喜歡的東西，但是，它就不再是錢了，變成了只會隨時間貶值的實體資產。而我的錢可以投資在其他標的，例如：股票、債券、房地產等孳息資產上面，讓這些資產繼續替我賺錢。只要我不停止投資，最後錢自己就會滾錢出來，被動收入慢慢的會超過你上班的主動收入。

　　錢最終可以帶來的東西，會比你買來的實體東西還有價值，其中，錢可以帶給你安全感，並且還有大家最想得到的財務自由，這才是真正最有價值的東西。你說我出國又怎樣，大家都有能力出國，但是我這星期想到，我下星期就可以出國，沒有財務自由的人可以嗎？我想應該不行吧。

2-4 漫無目的過節日 將加快金錢流失速度

　　除了 iPhone 這種奢侈品之外，還有許多消費會讓你的口袋愈破愈大洞，例如：無止境的節日、玩遊戲課金、訂閱制度等等，讓我一一說給你聽。

　　你知道每年有多少個節日需要慶祝嗎？從跨年開始，元旦、農曆新年到年底的耶誕節，這中間你會遇到一堆人的生日、兩個情人節：一個中國情人節（七夕）、一個西洋情人節（現在還有白色情人節，死宅宅還有機會回收一點西洋情人節發出去亂槍打鳥的巧克力，看能不能騙到幾個）、一個母親節、一個父親節等，每個節日都得慶祝，一慶祝就得花錢。

　　我以前就搞不懂，為啥兩個情人節都要送女朋友禮物，生日還要再送一次禮物。我覺得應該每天都不是情人節，或是說每天都是情人節，每天都像過情人節一樣的對待情人。

　　母親節也一樣，應該每天都是母親節，而不是只有母親節當天裝一下孝順的

樣子，其他時間一樣我行我素，你媽叫你去幹嘛你都不理她。只有不孝順的人才需要別人提醒他有母親節，對孝順的小孩來説，每天都是母親節。

以前中秋也沒有在烤肉，而現在的中秋節大家不一定吃月餅了，但是一定會烤肉。以前台灣人也沒在過萬聖節，現在你的小朋友只要有上幼稚園，我保證父母親還得為了小孩萬聖節怎麼打扮而傷腦筋。然後你明明就不是基督徒，你去跟人家湊什麼熱鬧過耶誕節？

節日多半屬於商業炒作，目的是創造消費欲望

這些節日明明都是商人創造出來的需求，100 年前，有多少人在過這些節日呢？就算有過節慶，在我這個理性人的眼中，生日哪有什麼好慶祝？你生日反而應該去感恩你媽吧！懷胎 10 個月真的很辛苦。如果你認真的考慮過，生產時要不要打無痛分娩，你就知道媽媽有多辛苦（雖然我不是女的，但是我看過宅女小紅討論過這個議題）。

生日許願也很蠢，愈是認真許願的人，我覺得你愈蠢。新年新願望都不知道過幾年，許幾次一模一樣的心願了，世界大同在人類歷史上也從來沒有發生過，賺大錢很少發生，虧大錢的事件倒是比較容易遇到。你説希望今年要變瘦，只見你一年比一年還胖。許願有用的話，我這本書也不用寫了，大家生日隔天馬

上就中樂透了。願望是要你腳踏實地的努力去實現，而不是許願講幾句話就搞定的。

來講一個小故事，有一對夫婦去打高爾夫球，球場附近都是豪宅。結果不小心，球掉進別人的房子，打破了一件古董，夫妻倆急忙去賠罪。進去後看到一個老伯伯，先生問：「你是這屋子的主人嗎？」老伯伯說：「不是，我是燈神，謝謝你打破那盞油燈，把我解放了出來。我可以實現 3 個願望，你們 1 人 1 個，剩下 1 個給我自己。」

先生驚喜地說：「我要 1 億元。」老伯伯說：「好，你的戶頭已經多了 1 億元了。」太太說：「我想要一間大房子。」老伯伯說：「好，你回家後就可以看到 1 張房屋契約。」夫妻倆高興地問燈神，「那你的願望是什麼呢？」老伯伯說，「我已經很久沒有碰女人了，我想找你太太。」夫妻倆商量了一下，覺得反正燈神已經給自己這麼多了，回饋一下也還好。老伯伯忙完了之後，就問太太說：「太太呀，你看起來很年輕，今年幾歲了？」太太說：「我跟老公也不年輕了，都 30 多歲了啦！」老伯伯說：「都 30 多歲的人了，還相信世界上有燈神啊？」

除了一年到頭慶祝不完的節日之外，遊戲課金也是讓口袋破洞的元凶之一。我從小到大都很喜歡玩遊戲，因此我懂什麼是玩遊戲，我不會一面倒的排斥遊

戲，並且覺得玩遊戲就是不好、玩遊戲就是壞習慣。玩遊戲跟唱歌、看小說、看電影一樣，都可以得到樂趣。人生不可能一直學習，總是得有些時間讓自己休息、娛樂、放鬆。

課金遊戲是個大坑，一旦深陷將損失慘重

但是，遊戲有些部分純粹是在浪費生命，像是 RPG（Role-Playing Game，角色扮演遊戲）都需要練功，我就覺得練功對生命很沒有意義，我通常會去搞金手指（遊戲作弊程式）來跳過練功這個程序，純粹的享受一下遊戲的過程，可能 3 天或 1 個星期就全破一個遊戲，我覺得這樣算 OK。

況且我本身還滿功利的，我會希望玩遊戲的同時，也順便學習到東西。例如：玩英文遊戲時順便精進英文、玩日文遊戲時順便學點日文、玩二次大戰遊戲時順便學學歷史與地理。從遊戲中學習是個比較輕鬆的管道。其實我在遊戲《鋼鐵雄心》裡，學到與二次大戰有關，抗戰時中國的歷史與地理，就跟教科書裡的史觀有差，真的有開眼界的感覺。

不過，以前買遊戲都是買斷制，買了就可以玩一輩子，現在遊戲很多都是課金制，遊戲讓你玩免費，但是遊戲內可以內購產品。你想要多玩，想要好裝備，想玩特殊關卡，統統要花錢。

而且遊戲幣換算成現實貨幣的匯率很貴，比如說寶可夢的 P 幣，換算起來大概要花新台幣 30 元才可以打一場團戰，我真的覺得有點不值，但是，遊戲公司就是靠少數的重度課金玩家支撐營運。一旦課金下去，花費就是無上限，你可能花到上萬元、上百萬元，甚至是上千萬元。不過，我是覺得，花個 1,000元、2,000 元買正版遊戲是可接受的，花到 3,000 元、5,000 元，甚至是破萬元去玩遊戲，就真的太過頭了。

畢竟遊戲是虛擬的世界，你在遊戲裡的成就不是真的成就，你花愈多錢去取得那個成就，我反而愈覺得你可能是現實世界中的魯蛇（編按：網路用語，指loser）。在現實世界中得不到的，只好在遊戲世界中得到。我堂弟曾經跟我說，他是某個遊戲某個伺服器的前 100 名，但是，假如你沒有繼續練功，繼續課金下去，遊戲世界的通膨非常快，裝備貶值的速度很快，你要一直花錢下去才能維持排名。

一旦遊戲退燒，最後伺服器被關掉、遊戲被收掉，你之前的努力到頭來什麼都沒有。你在現實世界的努力至少可以賺錢回來，賺經驗回來，或是學東西回來，你在虛擬的世界裡面，只是浪費了寶貴的人生，最後得到了什麼呢？

除了遊戲課金之外，分期付款制度的存在，也會讓消費者過度消費，甚至消費到超過你的收入能力，因為分個 10 期～ 30 期之後，每 1 期要支付的金額

就相對低很多。為什麼一堆人本來沒能力買 iPhone，現在都可以買了，就是因為商家把一次性的費用分攤到 2 年甚至 3 年的期間了。

　　但是，如果你買東西都用分期，買到 3 個、5 個高價商品後，你每個月要付的分期金額，也會愈來愈高。例如：有人喜歡每年換 1 支 iPhone，他手上可能就綁了 2 個、3 個門號，每個月要付的手機月租費就會高達 5,000 元。如果他的月薪只有 3 萬元、4 萬元，這數字相對就是很高的負擔了。

　　加上現在訂閱制開始流行起來，軟體用訂閱制，串流音樂用訂閱制、影音平台用訂閱制，雲端儲存空間用訂閱制，什麼東西都可以推訂閱。1 個訂閱每個月從幾十元到 100 元～ 200 元不等，看起來好像都不貴，但是你訂閱的軟體一旦變多，累積起來也是一筆不小的開銷。

　　以往軟體還不是走訂閱制的時候，一次性的費用就不算低了，不過付一次就可以用很多年，可能可以用到你的軟體版本不再支援更新為止，就算硬體壞掉也可以在新硬體上繼續用。現在開始訂閱制後，你只要用個 2 年、3 年以上，就可能超過以前買斷制的費用了。

　　例如：微軟（Microsoft）推出的 Office 軟體，現在就慢慢改成訂閱制，費用算起來就比以前還貴。目前買斷制 Office 要 4,790 元，1 年份個人版要 2,190

元,假設你會用超過 3 年,算起來就是買斷制比較划算。我之前就買斷了 2 套 Office,1 套給 PC(桌上型電腦)、1 套給 NB(筆記型電腦)。這筆軟體費用真的不低,我當然支持正版,但是我總感覺微軟是利用其壟斷地位在大幅收費。

有效管理訂閱服務,避免成為財務黑洞

因此,當大家訂閱的東西愈來愈多時,你有必要去管理你的訂閱。很多廠商都不會主動通知你到期,如果你沒有主動中斷購買,它就會每個月一直扣款下去。你也可能不小心訂閱太多,使得有些服務根本重複了都還不知道。

現在的網路影音都走訂閱制了,你不小心就會訂太多,不過你真的有時間都看完嗎?你應該是去訂閱你最需要、最想要看的節目。雖然其他的你也想看,但是,你應該在排序完之後只留 1 個、2 個影音訂閱,全部亂訂一通絕對是在浪費錢。

名車、豪宅、保險
2-5 購買前先考量你的經濟能力

前面提到買 iPhone、遊戲課金等，都還只是小錢，人生中還有許多消費會讓你的口袋愈破愈大洞，例如：買車子、買房子、買保險等。

如果你的工作是司機，買車子是為了工作，那麼車子就是資產，不是負債。司機的車子是生財工具，有了車子，他們才有工作，工作的所得可以遠超過車子的折舊與其他費用。從使用率來看，司機每天使用車子 6 小時～ 8 小時，完全把車子的產能利用到底。但是對於一般人來說，也許 1 個星期開沒幾天，就算每天上下班開，距離又很遠，也頂多是 2 小時的車程，這樣就顯得有點浪費，開車的成本遠高於大眾交通工具。

因此，如果你是住在大台北地區，大眾捷運系統其實非常便利，我真的建議不需要買車，買車可能要花掉 100 萬元，5 年下來養車、加油的錢，又相當於可以買另外 1 輛車的錢。我 20 多歲時就有能力買車，但是，我 20 年來沒有買過車，因為我每次只要想到現在買車所花掉的 100 萬元，如果用在投資上，

搞不好 5 年後所賺的錢，可以買 2 輛車。然後一直這樣想，我就永遠都不會想買車了。

　　我曾經規畫過，當我資產多一點，買車的錢占我資產的比重較低時，也許我會考慮買。我當時候計算，大概資產上千萬元以後，我會願意買 1 輛 50 萬元的車子。依此類推，也就是說，如果我想買 1 輛瑪莎拉蒂（Maserati），我起碼要有上億元的資產才足夠。但是，想想也知道不可能，就算我有 1 億元的資產，我也不可能為了一個代步工具，花到幾百萬元，太浪費了。

　　有時候，我在網路上會看到一些理財達人，大賺 1 年之後就買了 1 輛名車犒賞自己。我覺得也是 OK 啦，你那年大賺可能只是運氣，萬一你沒拿那筆錢去買車，一旦隔年虧光就虧大了。如果把那筆錢拿去買車，其他的錢虧光至少還剩那輛車。像我大學時有一位同學，他從 20 萬元賺到 40 萬元，最高點是 120 萬元，然後遇到 2000 年崩盤一次虧光（因為是融資買股票）。他跟我說，他本來想用這筆錢買 1 輛車，這樣算下來，等於虧了 1 輛便宜的跑車（當初他想買三菱日蝕（Mitsubishi Eclipse Cross））。

　　當兵時，我看到有些志願役士官會去買車，然後改車，等到 3 年後退伍，什麼錢都沒有存到，只剩 1 輛沒剩多少價值的改裝車在身邊。可是，如果你有好好規畫，那麼志願役 3 年下來，起碼可以存到 100 萬元，退伍那天，起碼也

有一定的本金可以起步，要創業、要投資都有本錢。因此，我建議大家，把買車的錢省下來，好好投資。

除了買車子之外，買房子也是同樣的概念。如果你有看過《富爸爸，窮爸爸》，就知道裡面有一個觀念──資產就是能把錢放進你口袋裡的東西，不管我工作與否，而負債則是能把錢從我口袋裡取走的東西。

房子是負債非資產，長期報酬率頂多略勝通膨率

這句精妙的話與大部分人的想法都不同，很多人仍然相信，他們的房子就是資產。不過，《富爸爸，窮爸爸》的作者羅伯特・清崎（Robert Kiyosaki）教育人們，房子是負債，因為它把錢從你的口袋裡拿走了──不僅僅因為那些伴隨著房子的支出（維修、保養、裝潢等），更因為房子的貶值，以及你把所有的錢都投在房子上後，失去投資更高報酬率工具的機會成本，這也讓你失去了學習投資經驗的機會。

我某個程度上認同這個觀念，因為美國長期房地產的投資報酬率並不高。不過，很多台灣人，或是房地產泡沫國家的人，大概都無法理解羅伯特・清崎的觀念。房子是負債不是資產，其中最大的因素就是，房地產的投資報酬率的數字衡量。

台灣過去 30 年～ 50 年，是經濟起飛的年代，是人口持續增加的年代，房地產的報酬率相當高，也超過通貨膨脹率不少，因此，大家就認為房地產是資產。但是，如果從更長期的角度去看房地產，例如：以已開發國家（美國）的長期資料來看，其實房地產的投資報酬率只能勉強打敗通膨率一點點。假設台灣未來的情況也是如此，那麼你確實不應該把大部分的資金放在房地產上面，而應該是投資債券，甚至將較多的資金放在長期投資報酬率高的股票上面。

究竟什麼是資產呢？我們可以用配息的觀念來衡量資產。債券有債息，股票有股息，房地產可以收租。就股票而言，獲利上漲帶動股價上漲是健康的，但是，如果獲利沒有成長，股價卻拚命漲，不是未來前景看好，就是有泡沫的疑慮。房價的評估也是如此，如果房租都不上漲，房價卻一直漲，房價就有泡沫的疑慮。

最近幾年，台灣房地產價格的上漲，主要是來自房價的上漲，而非租金收益所帶動的上漲。目前的租金收益率已經低到只剩 1.5% 左右，意思是說，你當房東，1,000 萬元的房子，你每年只能收租 15 萬元，而且這筆錢還要再扣除收租的人力成本，例如：房客動不動要你解決問題、修理東西的管理成本、維修成本，遇到奧房客的處理成本，甚至是有時候租客退租，下個租客還沒補上的租金損失。假設房價不上漲了，在這麼低的投資報酬率下，還會有人想要自己買房當房東嗎？

　　之前有一次，我跟朋友吃飯時聊到房地產，朋友說，如果人老了，名下有 1 間價值 1,000 萬元、2,000 萬元的房地產，賣掉的話，至少也有 1,000 萬元、2,000 萬元的資產，就可以安心養老了，因此，他認為長期來看還是要買 1 間才心安。

　　但是我認為，這個觀念是錯誤的，大概很多人都覺得，到了 60 歲以上，還沒有任何房地產就糟糕了，然而沒有房地產就表示不能有別的資產嗎？手上有 2,000 萬元現金或價值 2,000 萬元的股票，這跟市值 2,000 萬元的房地產會具有不一樣的身價嗎？當然是一樣的。持有房地產的身價搞不好還比較差一點，因為房地產的變現性比較差，交易成本也比較高。

　　我一直建議大家不要配置太多的資金在房地產上，主要是因為房地產長期的投資報酬率期望值太低，跟股票以往每年 5% ～ 10% 的期望值比起來低很多，尤其現在又是台灣房地產泡沫的最高點，因此，為何你不把大部分的資金放在報酬率更高的股票呢？

　　大家用最近幾十年台灣房地產的經驗來看，肯定不相信未來 30 年～ 50 年的報酬率期望值會這麼低，甚至前幾年還有人說房地產只漲不跌（那台灣房地產從 1990 年崩跌到 SARS 的 2003 年是什麼）。目前房價的所得比在歷史高點附近（詳見圖 1），未來台灣經濟很難重演以前經濟起飛的高成長。

　　一般而言，房地產跟經濟密切相關，在經濟狀況不那麼好的情況下，房價其實不應該一直飆漲。更何況，我目前也很看壞台灣未來的經濟，房地產不可能一直脫鉤下去。

　　另外，我之前看 TVBS 的《奮起台灣》，裡面有一集提到台灣的財政困窘，政府要找稅收，最後一定往房地產這塊挖。節目裡面說到，有戶日本豪宅，每年扣稅新台幣 170 萬元，但是台灣只扣到新台幣 4 萬元，比管理費還低。雖然台日豪宅的價格本身可能就有差，但是，這也顯見台灣與國外房地產持有稅負差異大。台灣房地產的名目稅率與各國相當，不過，因為稅基過低，所以台灣實際收到的稅收只有其他國家的 1/10。

　　目前國人在持有或交易不動產要負擔的稅並不重，主要是因為政府課稅依據的公告地價、土地公告現值與房屋評定現值，與實際不動產價格落差過大。不過，政府只要累積足夠的成交資料，就可以把相關稅基調整到接近市價，達到改革的目的。例如：前幾年台北大幅調整土地公告現值，曾經連續 2 年調整漲幅都超過 2 成，未來肯定還有機會繼續漲上去。我認為，如果 30 年後回頭來看，你做的最好的投資決策之一，可能會是現在不買房子。

　　另外，許多人會買房子還有一個原因，就是認為房地產很好賺。大家會這麼想的原因在於，買房地產首付只需要 3 成的自有資金（雖然現在有低首付或零

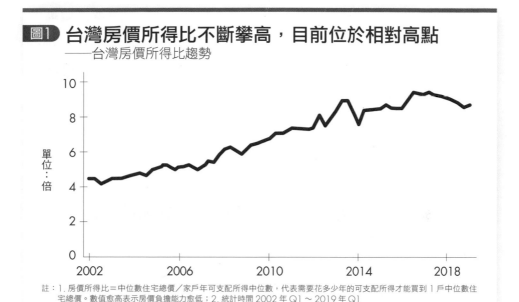

圖1 台灣房價所得比不斷攀高，目前位於相對高點
——台灣房價所得比趨勢

單位：倍

註：1. 房價所得比＝中位數住宅總價／家戶年可支配所得中位數，代表需要花多少年的可支配所得才能買到 1 戶中位數住宅總價。數值愈高表示房價負擔能力愈低；2. 統計時間 2002 年 Q1 ～ 2019 年 Q1
資料來源：內政部不動產資訊平台

首付，但是大部分都是鑽漏洞），加上整體金額又非常龐大，當房價上漲一點點，相對於本金，散戶就有大賺的錯覺，其實報酬率並沒有想像中的高。

　　假設你買 1,000 萬元的房子，頭期款 300 萬元，房價上漲 1 成，你就賺了 100 萬元，等於花 300 萬元就賺到 100 萬元，報酬率 33%，那是因為銀行借了你 700 萬元。如果你不借貸，自己全額買下來，那麼報酬率也只有 10% 而已。問題是，如果房價下跌，報酬率也會反過來。

　　槓桿是雙面刃，賺錢時很爽，虧錢時也很爽。當房價下跌 1 成變成 900 萬元，等於你頭期款 300 萬元虧掉 100 萬元，虧 33% 了。如果房地產下跌 3 成，等於你本金全部虧光，房地產市值只剩 700 萬元，而且你還欠銀行 700 萬元，是銀行把房子借你住而已。如果跌超過 7 成，那就尷尬了，你的房子市值不到 700 萬元，加上你還欠銀行 700 萬元。因此，我建議大家，如果可以的話，房子用租的不要用買的。

保險並非投資工具，應從保障的角度做規畫

　　除了車子、房子之外，保險也是一大支出。保險說白了，就是一種集合多數人的資金，並且根據合理的計算，以作為對特定風險事故發生所導致損失的補償制度。保戶藉由支付保費的行為，將風險轉移給保險公司。簡單的說，保險就是「以小搏大」，保戶以「現在的」、「確定的」小金額，要求保險公司來填補「未來的」、「不確定」的大損失。一般來說，個人可能遭遇的風險主要有 3 種：

種類1》人身風險
　　係指與個人的生命或健康有關的一切風險，亦即個人的身體或生命，因為死亡、殘廢（失能）、傷害、疾病、失業、退休、長期照顧等風險事故，而造成個人、家庭的經濟損失。例如：收入的中斷或減少、醫療費用、退休費用、長

期照顧費用、喪葬費用、遺族生活費用、未清償的貸款、遺產稅等額外費用的增加。

種類2》財產風險

泛指個人所擁有、使用、保管的財產，發生各種損失的風險，例如：房屋的風險（遭遇水災、火災、地震等），汽車的風險（颱風泡水、被撞、撞人、互撞、失竊等）。

種類3》責任風險

係指個人侵權行為等風險事故的發生，對於第三人的財產或身體造成損失時，依法應負賠償責任的風險。例如：甲開車撞到路人乙與路邊車輛丙，則甲對受傷的路人乙與受損的車輛丙，應該分別負有（醫療費用、收入損失、精神撫慰金）與財物補償責任。但是，目前政府要求車主投保的「強制險」，只賠人的部分，額度上限是殘廢或死亡 200 萬元，以及醫療費用 20 萬元。

不過，現代人的求償意識高，強烈建議汽車車主每年多花 6,000 元，投保「第三人責任險」500 萬元（可理賠醫療費用、收入損失、精神撫慰金、財物損失）；機車車主每年多花 2,000 元，投保「第三人責任險」200 萬元。

我建議大家保險只買自己需要的，也就是真的是買「保障」的功能，而不是

買來投資。如果你是家中的經濟支柱，那麼你就需要壽險和意外險。而為了避免花費大量金錢在重大疾病的醫療上面，還需要投保醫療險、癌症險等，盡可能覆蓋所有的風險。

根據衛生福利部的統計，近 10 年來，「事故傷害」一直位居國人 10 大死因的第 6 名。意外險的定義就是外來、突發、非疾病，也就是遭遇意外傷害事故，導致身體蒙受傷害、殘廢（失能）或死亡時，所給付的保險金。由於意外發生後可能會使你喪失工作能力，因此，保險金額起碼要能讓自己或家人不需擔心未來 10 年的生活費。

其實，意外險的保費是很便宜的，「壽險公司」的意外險保額 300 萬元，保費約 3,600 元、「產險公司」的意外險套餐保額 300 萬元，還包含意外醫療收據型 5 萬元、意外日額 2,000 元、加護病房日額 3,000 元、搭乘大眾運輸工具傷害身故 1,200 萬元，保費也是 3,600 元左右。

不過，產險公司所推出的意外險，缺點就是每年簽約 1 次，而且不賠中醫治療。當理賠金額過高，或者是次數過多時，隔年如果想要續約，產險公司有權不續保。因此，假設你打算投保意外險 600 萬元，可以考慮投保壽險公司的意外險 300 萬元，再投保產險公司的意外險套餐 300 萬元，這樣比較經濟實惠。

　　除了意外險之外，醫療險也是必須要投保的。現在醫學技術進步很快，新的醫療設備費用也很高。衛生福利部中央健康保險署因為健保赤字的問題，所以常將新的醫療設備排除在外，因此，病患的自費金額也會變得非常高。例如：女性的子宮肌瘤、男性的攝護腺癌，使用達文西手臂進行手術，大約需要 20 萬元。

　　如果是癌症等重大疾病，也會花費大量金錢在醫療方面，這時我們就需要住院醫療險（收據型，建議投保 20 萬元額度），保險金額也不用過高，夠用就好。保險就是保險，是預防萬一的功能，不是為了受傷生病住院時賺錢的，除非你的保險預算多一點，就可考慮多買一份可以副本理賠的住院醫療險（收據型，建議投保 20 萬元額度）。

　　如果你的資金不夠，我建議你一定要先買能「保障未來」的險種。例如：甲君 35 歲，未婚，內勤主管，年所得 60 萬元，交通工具為機車，是家中主要的收入來源。此時甲君就可以考慮先投保「基本型組合」：20 年定期壽險 300 萬元（保費 1 萬 2,600 元）、傷害意外險 400 萬元（保費 4,800 元）、傷害骨折險 100 萬元（保費 3,600 元）、傷害醫療（收據型）3 萬元（保費 810 元）、傷害日額 1,000 元（保費 540 元）、住院醫療險（收據型）保額 20 萬元（保費 3,700 元）、終身癌症險（保費 7,500 元），1 年的總保費約 3 萬 3,400 元，即可將甲君所有的人身風險與家庭責任轉移給保險公司。

除了上述所建議必備的保險之外，保險業務員也會推薦一堆連結基金的投資型保險（例如：目標到期債券基金、類全委保單等）。對於這類保險，我個人基本上是不建議買，一來有些投資型保單包裝得很複雜，連我都無法一眼搞懂，甚至需要財務工程的計算；二來你真的要投資就單純去買 ETF（指數股票型基金）。多了保險公司這個中間人，又抽了一堆佣金，這些費用相較買 ETF，都是多花的。因此，最好還是保險歸保險，投資歸投資。

保險買太多造成負擔，買錯又保障不足

近幾年，保險業務員也常推薦類似定存的商品，例如：利率變動型壽險（目前都以美元為主）、利率變動型年金保險，我的建議是不要買太多，因為這種保險其實它的實質利率都不高，資金卻要被鎖 10 年以上才有可能獲得比定存利率稍高一點的利率。如果你自己做資產配置會更有彈性，報酬率可能也更高，而且被保險公司過一手手續費，也會讓保戶的實質報酬率比自己操作還低一點。

基本上，我認為，購買保險只需要遵守兩個原則即可：1. 年繳保險費上限設定為年所得的 10% ～ 15%（不含還本養老儲蓄險、投資型保單、利率變動型壽險、利率變動型年金保險），才不會造成負擔；2. 保障金額設定為年所得的 5 倍～ 10 倍，保障才足夠。

　　由於現在的保險都不便宜，個人建議當你的資產到達一定的程度，已經有一定金額可以保障家人時，就可以開始降低保險的費用。比如你的資產達到 300 萬元、500 萬元、1,000 萬元後，或當子女大學畢業、家庭責任變小、房貸已經繳清後，就可以考慮依序降低保額，省點保費。極端點的情況，例如：你的資產達到 2,000 萬元以上，即使你有個意外，這些錢也足夠家人生活 20 年以上，這時候你其實是不需要保險。保險就是保個「萬一」，如果你錢都用不完，也就沒有必要買保險了。

　　因為目前在利率很低的情況下保險很貴，所以我建議，不一定要保到 100% 保障的程度，而是依據家庭經濟狀況，保到 50% ～ 80% 保障的程度，其實也可以接受，但是，最好你和家族朋友之間關係緊密，當你有個緊急意外時，除了保險之外，也有家人朋友可以幫忙，當然這種情況下，如果家人朋友遇到狀況，你也得幫忙一部分。

　　最後補充說明，保險不是我的專業，上述保險建議，我大部分都是參考我的保險業務員的意見，大家參考完上面觀念後還是要衡量自己的狀況，購買符合自己需求的保險。

財務自由的終極目的是要得到人身自由

2-6

　　其實從前面的例子看下來，不管是買 iPhone、買名車、買名錶等，這些消費失控都來自於你的比較心態。《自求簡樸》一書裡提到一個經典的案例：當你住到 100 坪的房子，你就會開心了嗎？不會，因為假使你身邊的朋友都住在 120 坪的房子，你跟他們比較起來，就會感覺自己的居住空間很狹窄。你的感覺好壞是「比較」出來的，這樣就會導致錯誤的心態。

　　房子不是買得愈大，住起來就會愈爽。當你的房子太大時，你必須找人打掃、整理，而且你為了請傭人，還必須準備一間傭人房。除此之外，你的花園、泳池、健身房、和室、客房等，也需要僱人來幫忙維護，你又花了更多錢。仔細想想，你買了大房子之後，似乎沒得到什麼好處，只看到一堆無效率的存在，一堆空間沒用到。例如：游泳池，每年也用不到幾次，就算你真的每天游，利用效率還是不如公共的游泳池高。

　　因此，我們的任何消費都應該考慮的是我們絕對的需求，而不是和別人比較

出來的欲求。就我個人而言，我大學時住在校外，當時的房間只能用一句話來形容，那就是家徒四壁。我幾乎什麼家具、設備都沒有，只有一盞檯燈，一台賣場買的音響和一台電風扇。我沒有買電腦，偶爾要寫作業就用我室友的電腦。那時候房間也沒有冷氣，我 1 學期的電費只有幾百元。我大學畢業後要搬家，把我的書搬完後，就差不多了。

因為我的東西很少，就算房間不大，感覺也還算空曠，我自己還是住得很舒服。雖然偶爾可以聽到隔壁室友跟馬子妖精打架的聲音，但是，我大部分時候的睡眠品質都很好。

研究所時期為了省住宿費，直接住在研究室

念研究所的時候，我為了省錢，甚至住到研究室，就為了省那一點住宿費（前面有提到，研究所 2 年的學費、生活費都是我自己出的）。反正我只需要有地方睡覺，我也沒有什麼東西要放，我在研究室擺個床墊就可以睡了。只不過後來發生了一件事，出乎我的意料之外。

有一天早上，我睡醒聽到念佛的聲音，我心想，這不是有人走的時候會播放的那種嗎？然後我就往窗外一看（研究室在高樓層），樓下有一雙鞋子零散在那邊，感覺就是個事故現場。後來我聽說是某一位教職員跳樓，之後的一個星

期，我住在那邊都超毛。我們研究室那棟樓，晚上是沒人的，但是那個星期，我一直感覺有「東西」陪著我。

　　一直以來，我最多的東西就是書。以前我大學畢業後搬家，基本上，把我的書搬完就了事，沒什麼其他東西。我現在還是一樣，最多的東西是書，今年（2019 年）整理了一遍，應該又要丟掉 200 本～ 300 本書，只留下真的會重複看的書跟工具書。因為我的東西不多，所以我的房間也不需要太大：一個放床的地方，一個書桌放電腦，一個衣櫃，一面書櫃，再幾個抽屜就夠用了。

　　如果你的觀念是你想擁有愈多東西愈好，這是加法的觀念，但是，我個人的經驗卻是讓我覺得減法人生才更好。我是有點年紀、有點經驗才慢慢體會，但是，我希望大家就算還年輕也可以去體會這種減法的想法。

　　就好像 1 支 50 萬元的勞力士手錶，時間會比較準確嗎？不，機械錶的準度恐怕還沒有電子錶的準度高，更何況現在大家看時間都用手機，左手戴 1 支勞力士，基本上是要告訴大家，我是個土豪。我相信，滿足大家各種基本的需求不見得需要多大的花費，往往是這個商業化的社會，跟你說你需要這個，你需要那個，讓你額外多了不少花費。

　　我老是看到有人花大錢買衣服、褲子，在我眼裡那是相當浪費錢的行為，畢

竟，你的醜，不是因為你的衣服所造成的，是你的臉啊！你穿衣服不好看也不是衣服的問題，是你的身材啊！你不花時間去運動，反而花大錢去買衣服也沒用。只要你的身材不好，穿什麼都不好看，還不如好好努力把身材練好，到時候你穿什麼都好看，甚至你什麼都不穿最好看。

　　大家應該都看過藝人陳冠希跟路人阿伯的那張網路比較圖吧？第一次看會覺得冠希穿得真有型，阿伯就是阿伯，普通的白色吊嘎顯得很平民。結果有網友把兩個人的頭互P，大家就發現怎麼冠希穿白色平民吊嘎也很潮，大家這才發現，穿什麼不是問題，問題是誰穿。

　　搞懂了這個邏輯之後，我就很少花大錢在添購衣服上面。與其把錢花在買衣服、買褲子，我建議，花時間跟金錢在你的身材上面更實際，只要你身材夠好，穿什麼衣服都好看。假如扣掉臉不看的話，身材的重要性占 80%，衣服的重要性可能連 20% 都沒有。

　　我游泳隊學長阿不寬的例子也是如此。阿不寬有在騎腳踏車。大家應該都知道，腳踏車的重量愈輕，價格就會愈貴，例如：腳踏車的重量從 9 公斤變成 8 公斤，它的價格會比 11 公斤變成 10 公斤還貴很多。假如他的腳踏車只有 8 公斤，別人的腳踏車有 10 公斤，他就多了比別人輕 2 公斤的優勢，平路可能差距還好，山路的時候，這 2 公斤的重量就是重大的差距了。

不過阿不寬說，腳踏車也許花大把的錢買很好，比別人輕了 2 公斤，但是你的體重多了別人 10 公斤，這怎麼算都贏不了啊！因此，減肥、減重在這個案例才是最大的差距，與其花大錢買好的腳踏車，還不如減個幾公斤。你不要本末倒置了，既沒有效率又白花錢。

像我去日式料理餐廳，就不太喜歡點海膽。海膽比較稀有，因此價格比較貴，但是說到營養成分，牠不見得比便宜的魚肉、蝦肉來得高，加上我沒有特別喜歡吃海膽，幹嘛要多花錢，卻沒有提升到經濟效用呢？

消費不要只考量金錢成本，時間才是人生最大成本

同樣地，這也是我不想買 iPhone 的主因。對我來講，同規格的手機中，Android 系統會比較便宜。如果用起來爽度一樣，那我為什麼要多花 1 萬元、2 萬元去買 iPhone 呢？

說真的，我開始用智慧型手機以來，就是只用 Android 系統的手機，我從來沒有感覺到操作不順或速度慢，倒是玻璃殼不耐摔，有 2 支手機只用了約 1 年就摔到，因為維修都要好幾千元，所以我都是直接換新機。我在想，如果是 iPhone，光是修理費我看到就會哭了吧！那麼再買 1 支又是 2 萬元、3 萬元，怎麼抉擇都很心痛！

那是不是說我們在做決策時，只要選擇最便宜的東西就好了呢？其實也不全然是這樣，舉幾個例子來看：

案例1》坐高鐵vs.搭客運

如果我們打算從台北去台中，以價格而言，坐高鐵自由座要 675 元，坐客運只要 240 元～ 300 元。以搭車時間而言，坐高鐵只要 47 分鐘到 1 小時左右，坐客運大概要花 2.5 小時～ 3 小時。以舒適度而言，因為高鐵行駛起來比客運穩，所以你在高鐵上還可以看書，但是你在客運上就比較難看書了。

這樣看下來，搭高鐵好像比較划算。不過，實際在做決策時，除了考量價格、時間和舒適度之外，你還需要考慮其他的因子，例如：你出發地與目的地離當地高鐵或客運的距離。以台北出發而言，當然是高鐵與客運都在台北火車站附近就可以搭車，但是，台中高鐵站跟客運會到的點就不同了。如果你要到東海大學，客運就比較有優勢，從台北到台中朝馬轉運站只要 2 小時～ 2.5 小時，而且從朝馬轉運站去東海大學近很多，也方便很多。我以前是直接從東海騎機車 10 分鐘過去朝馬轉運站。如果你考量到目的地與下車地點的距離，也許你就會選客運了。

上述坐車的案例是複雜的消費決策，我們得同時考量 4 個變數，價格只是我們考量的變數之一。如果你是想省錢的人，價差高達 400 元，多花你 1 個多

小時的時間，很多人可能 1 小時也賺不了這麼多錢，那就可以考慮選擇便宜點的方案。就我而言，如果是在學生時代，我肯定選客運，但是，我現在會選高鐵，因為我的時間機會成本比我以前當學生時高。

案例2》騎機車vs.搭捷運

我住在新北市蘆洲區，以前上班的地點在西門町。若是以通勤時間來看，早上很早時車子不多，沿著堤防騎機車也沒什麼紅綠燈，只需要 20 分鐘～ 25 分鐘就可以到公司。如果是搭捷運，我必須從蘆洲站坐到西門町站，中間轉一次，車程含轉車約 20 分鐘左右。由於從我住家到捷運站有一段距離，一般要走 12 分鐘，於是我從家裡騎機車到捷運站附近停車，坐捷運時間再加上停機車、轉捷運和等捷運的時間，總共算下來，從家裡到公司得花 40 分鐘～ 45 分鐘，比直接騎車到公司多了 1 倍時間。

如果是以交通費用來看，我騎機車上下班大約 1 個星期加油 1 次，費用 100 元，搭捷運 1 天約要花 48 元，再多考量星期六與星期日的交通費，1 個星期至少要花 270 元～ 280 元，幾乎比騎機車多了 200%。兩者相比，坐捷運不只多花 1 倍的時間，交通費也多了 2 倍，你們知道我選擇怎麼上班嗎？我選擇坐捷運上班，原因有 4 點：

1. 舒適問題：坐捷運比騎機車舒服，遇到下雨跟寒流就差更多了，騎機車遇

到下雨感覺就很討厭，遇到寒流更是冷到受不了；2. 安全問題：騎機車我有可能會出意外，受傷、殘廢，甚至死亡，這個潛在風險的代價很大。如果坐捷運，這 10 年來只要不遇到鄭捷（編按：鄭捷 2014 年在台北捷運車廂犯下隨機殺人事件，造成 4 人死亡、24 人受傷），基本上是很安全的；3. 健康問題：台灣的空氣品質愈來愈差，你每天在馬路上要多呼吸 50 分鐘（上下班加總的時間），廢氣對你的健康是不好的，也會導致肺腺癌的機率大增；4. 時間成本問題：對我個人來講，時間成本才是我決定搭捷運與否最重要的考量。我騎機車的 50 分鐘，就是得專心騎機車，無法做其他的事情，完全是浪費我寶貴的生命。但是，我坐捷運的時間，可以看書、看手機、發發 FB 廢文，可以想事情，甚至我還在捷運上開過筆電打報告。對我來講，這樣的通勤方式讓我可以做自己想做的事情，幾乎就是我自己的時間，因此，坐捷運通勤不會讓我有浪費生命的感覺。

對我而言，時間成本真的很重要，我很討厭浪費我時間的人或事。我覺得，我比多數人更富有的不是資產，而是有更多自己的時間。資產比我多的人肯定很多，但是，如果比每天自己可以控制的時間，我就不相信有人比我更多。

我每天扣掉睡覺的時間，剩下的都是我自己可以運用的時間。多數人卻不一樣，每天扣掉睡覺（可能還沒睡飽）、上班、幫小孩寫作業、接送老婆上下班、接送小孩上下學、幫家人做雜事的時間以後，你自己還有多少時間呢？

　　我看到很多父母在哄小孩睡覺之後，都繼續熬夜捨不得睡，那是因為等小孩睡著了之後，才真的是父母自己的時間，也就是說，各位父母都寧願捨棄睡眠，也要多擠點時間給自己對吧？因此，其實養小孩對我而言，最大的成本其實並不是金錢，假如說把一個小孩從小養到大要花 500 萬元，對我來說還好，但是，養一個小孩要花費的時間，如果真的用我的機會成本來算，那真的是很難計算了。

金錢與時間是人生最寶貴的 2 大資源

　　同樣從這個角度來看，假設每個人都只能活到 80 歲，如果你 50 歲就得到財務自由，跟你 65 歲～ 70 歲才能退休相比，等於多賺到 15 年～ 20 年的時間，兩者相比，生活品質就差很多。如果只能活到 70 歲的話，50 歲退休至少還自由了 20 年，假如你 65 歲～ 70 歲才退休，就只有 5 年的自由時間，或者乾脆工作到死了，兩者相差更多。

　　除了時間的成本之外，還有時間的彈性。如果你還在上班，你就算有假可以請，你也不見得可以有彈性到馬上可以走人。你還有會議要開、有報告要做，老闆不見得准假，你一請假，你同事就得 cover 你的職務，你不可能不跟同事講就蒸發，你家人可能也還需要你。但是我不一樣，在沒有後顧之憂的情況下，我可以今天看到廉航的機票，後天就出國，這個自由度是無價的。

財務自由可以讓這個自由度大幅增加，某個程度上來講，就等於是有錢可以買到時間的概念了。等你資產到一定程度，等你達到財務自由，你自己可以控制的時間變多了，你的時間彈性也變大了，你得到人生最寶貴的時間與自由。

要知道時間是你最寶貴的東西，因此，你不需要花費一大堆時間去跟所有人交好，知心好友只需要幾個就夠。如果你出事需要幫忙，就算有一堆點頭之交，最後不知道有多少人可以幫到你，但是，只需要幾個重點朋友，每個都有辦法出手幫你。這些朋友在日常上也對你最有助益，少數幾個好朋友，勝過一堆點頭之交。

基本上，錢跟時間都是人最寶貴、最有限的資源，因此，買東西時要考量CP值，考量是不是你最有需求的東西，時間也請花在親人、好友身上，最好是將時間花在你自己身上。花在別人身上都是為別人，只有花在自己身上才是愛自己。你可以有很多自由的時間才是財務自由要追求的最終極目標，多數人上班都是為了那份薪水，等你不用再為那份薪水忙碌時，你才是真正的脫離倉鼠的窮忙人生，走出牢籠。

第3章

堵住口袋破洞》
不肖詐騙

3-1 虛擬貨幣波動劇烈 是投資商品而非貨幣

　　除了消費失控之外，現實中還有許多投機商品或詐騙，也會讓人損失很多金錢，我會一樣一樣向大家介紹。

　　先來說虛擬貨幣。身邊有不少人去投資了虛擬貨幣，例如：乙太幣、比特幣等，有人是被謊稱投資虛擬貨幣的投資詐騙，有人融資給投資虛擬貨幣的人，說這樣比較間接，風險比較低。跟虛擬貨幣有關的花樣，比我能想到的還多，真的讓我感覺騙錢也是一種文創產業。

　　講一下我對虛擬貨幣的看法。我認為那是一種泡沫。當然，我也不敢講我很懂虛擬貨幣，我只是依據看到的資料來推斷。以下是為什麼我認為虛擬貨幣不容易推廣到大眾，頂多是小眾在炒作，更不太可能成為主要貨幣的原因。

　　首先，現在去玩虛擬貨幣的人，多數幾乎只有一個原因，因為它會漲。但是，這哪是貨幣應該有的特點，這是炒作泡沫商品的特點。可以當成貨幣的東西，

就應當是價值穩定的東西，貨幣的價值穩定對買賣雙方都很重要。

　　舉例來講，對於賣東西的企業來講，通常是先收到應收帳款，可能 3 個月後才能兌現。如果幣值不穩定，現在收的 1 元虛擬貨幣，3 個月後只剩 0.8 元的價值，你是賣方，你敢用這種虛擬貨幣當計價貨幣嗎？或者你是買方，你手上有準備好虛擬貨幣付款或還債，結果本來這些錢的價值是足夠的，3 個月後因為價值波動，導致你本來預備付的 1 元虛擬貨款，現在只值 0.8 元了，你不就得再去生 0.2 元出來？

貨幣作為交易媒介，應該具有客觀評價方式

　　而且虛擬貨幣的價格波動比我剛剛舉的案例還大，你可以想像虛擬貨幣今天只值 1 元，明天值 10 元，後天值 100 元的情景嗎？如果貨幣的價值是一直上漲，那可能也很好，但是，虛擬貨幣跌起來一下子損失 30%、50% 也是常有的事啊！貨幣使用者真的敢使用價值波動這麼大的東西當交易媒介嗎？

　　其次，貨幣應該要有一個可以評價的方法，例如：大麥克指數。理論上，貨幣如果價值穩定，你今天用 100 元買 1 份大麥克，你能預期 1 年後也可以用差不多的價錢買到 1 份大麥克（當然可能會受到通膨而差一點點），但是，你怎麼評價比特幣的價值？你很難評估 1 單位的比特幣值多少美元，或是可以買

幾個大麥克？

就我的經驗，任何東西只要難評價就容易造成泡沫，例如：2000 年的網路股，沒有獲利，用點擊數評價，如果看損益，多數公司是虧損的，但是，市場一點也不在意虧損，還是讓股價持續上漲。現在的特斯拉（Tesla） 跟亞馬遜（Amazon）也是一樣，兩者都沒什麼獲利，可是大家對這兩家公司的未來發展做夢做很大，因此股價也很容易飆。如果真的扎扎實實用本益比評價，就算評價給到高達 40 倍以上，這 2 檔股票目前也無法靠目前的獲利支撐股價。反倒是有著堅實 EPS（每股盈餘）的公司，股價波動會小一點，因為 EPS 對股價來說就是地心引力，EPS 一旦可以清楚預估，股價大概就噴不起來了。

接著，許多虛擬貨幣的投資人認為，虛擬貨幣可以逃避政府金融的監管，這也是很多人想投資虛擬貨幣的一個理由。大家認為，黑錢、髒錢、見不得光的錢都會流向這裡，那你是當政府是白痴嗎？我有看到資訊，其實政府是管得到虛擬貨幣的，光是之前中國政府禁止數位貨幣公開發行（ICO），就可以讓虛擬貨幣的價格在幾天內跌掉 2 成。照這樣的推測，政府用法令直接禁止持有跟交易也是有可能的。

而且，你知道嗎？根據研究機構 Chainalysis 所提出的《加密犯罪報告》（Crypto Crime Report）顯示，在 2018 年，只有不到 1% 的比特幣經濟活動

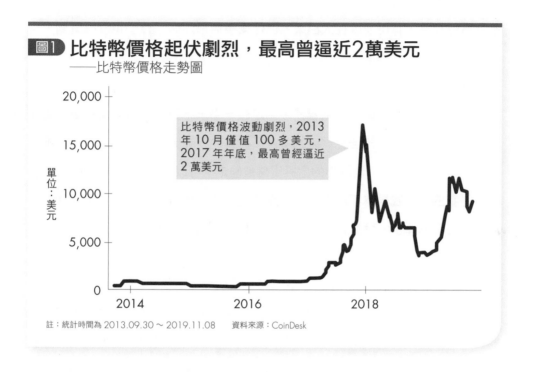

圖1 比特幣價格起伏劇烈，最高曾逼近2萬美元
——比特幣價格走勢圖

比特幣價格波動劇烈，2013年10月僅值100多美元，2017年年底，最高曾經逼近2萬美元

單位：美元

20,000
15,000
10,000
5,000
0

2014　　　　2016　　　　2018

註：統計時間為 2013.09.30～2019.11.08　資料來源：CoinDesk

是跟犯罪活動有關。大家原本會預期，如果虛擬貨幣這麼容易用於犯罪活動，應該比重會更高一點，可見得犯罪分子也不一定會更樂於用虛擬貨幣來洗錢。

　　各位要知道，虛擬貨幣的安全性其實比實體貨幣還低，虛擬貨幣一天到晚傳出被偷，甚至金鑰不見的情況，這種情形下就算錢是你的也用不了。一直以來，大家對於把資產存放在銀行裡這件事都感到很放心，應該不太會擔心錢不見，甚至還會特別去銀行租個保險箱，來放貴重物品。但是，虛擬貨幣是數位存放，

不是實體存在，有可能就在大白天，你什麼事情都沒做，什麼也沒感覺到，錢就被偷走了。

對於虛擬貨幣比實體貨幣更容易被偷走這一點，不只是多數人會擔憂，犯罪分子也會，畢竟辛辛苦苦犯罪來的所得又被其他犯罪分子偷走，或是自己不小心弄丟，也是很幹的。也許你的虛擬貨幣被偷走，可以歸因在運氣不好，但是，如果是我的話，我根本不敢把我的資產放在可能會被偷的地方。如果說我是自己投資失利虧掉了，我就認命，可是，如果是被偷的，那就很幹了。

再來，虛擬貨幣似乎很神奇，有各種優點，例如：具隱匿性、傳送速度快等，以現在最主流的比特幣來講，它是現在市值最大的虛擬貨幣。但是，不同的虛擬貨幣，技術是有差異的，如果後面又出現一個技術更優良、更好使用的虛擬貨幣呢？不就又把比特幣打掉，換新的虛擬貨幣上來，那之前持有比特幣的人不就傻了？

況且貨幣鑄造權是國家最高的權利，金融風險也在這裡，任何國家尤其是大國（例如美國），怎麼可能把這個權利放掉，讓虛擬貨幣侵犯國家的主權，因此，我認為最後各國可能都會禁止。

參考一個很清楚的個案：歐盟。歐洲有個共同的中央銀行（ECB），負責決

定整個歐盟的貨幣政策。然而，這樣的決策卻出了一個大問題，對於「歐豬五國」（編按：PIIGS，指葡萄牙（Portugal）、義大利（Italy）、愛爾蘭（Ireland）、希臘（Greece）、西班牙（Spain）等 5 個國家）來說，財政出問題需要推行貨幣寬鬆政策，但是，對於德國這種經濟強權、討厭通貨膨脹風險的國家來說，它想要推行貨幣緊縮政策。這例子說明了，同一個歐盟都會因為各個國家的需求不一樣，而需要不同的貨幣政策。當你的虛擬貨幣憑空跑出來，央行怎麼去控管這塊自己根本就管不到的貨幣供給呢？

最後，以現在的技術而言，虛擬貨幣沒有辦法像股市一樣，1 秒幾十萬筆上下的頻繁交易，而且每次交易，都得要付出龐大的手續費，這更是交易的阻礙。一個商品就算產品本身好，只要交易成本高，就可能大大減損其投資價值。我個人在考量金融商品時，交易成本、持有成本都是我重要的考量因素。金融商品很多，你可以完全跳掉這些對投資人不利的商品，只從好用又低廉的工具中尋找。

虛擬貨幣不可碰，就連股神都提出過警告

如果大家對我的說法還有疑慮，其實很多投資界大老也公開表示過對虛擬貨幣的看法，例如：股神巴菲特（Warren Buffett）認為，「比特幣只是幻影。」他的老搭檔查理‧蒙格（Charles Munger）也說，「比特幣是一文不值的人造

黃金。」微軟創辦人比爾‧蓋茲（Bill Gates）也強調，「比特幣毫無生產力，買比特幣就像是最大笨蛋理論。」此外，像是橡樹資本管理公司創辦人霍華‧馬克斯（Howard Marks）、投資大師賽斯‧克拉爾曼（Seth Klarman）等人，亦紛紛對虛擬貨幣提出警告。

其實，對於投資人應該如何面對虛擬貨幣，歸根究柢只有一句話，「不懂的東西不要玩。」也許我對虛擬貨幣的推論與看法是錯的，但是，我就是沒有懂到可以信任虛擬貨幣，因此我不會碰。對你們而言也一樣，如果你們之中有人超懂虛擬貨幣，或是你覺得虛擬貨幣就是未來，那你去投資我也沒意見，你可以依據自己的信心高低，來配置虛擬貨幣的相關資產。

虛擬貨幣變數大，散戶若不懂勿輕易投資

但是，虛擬貨幣這種東西變數還很大，你不知道這個技術還會進化到什麼程度，你不知道政府未來監管這塊的想法，你也不太可能知道要如何評價虛擬貨幣，如何給比特幣一個合理的價格。這種變數還很大的東西，我也不相信有人可以全面考量，把未來各種變化都考量進去。如果你的考慮不夠全面，就有可能漏看你所面臨的風險。

結論下來，我認為虛擬貨幣就是泡沫，最多是一種商品，因此散戶不要去玩。

如果你自認為專業，也認為你比上述投資大師都懂，那就請用資產配置來控制風險。如果你是對現在的貨幣沒有信心，那也不應該碰一個比實體貨幣風險更大的東西，可以的話那改去買風險較低，又有 5,000 年保值能力的資產——黃金來避險。

小心不肖理專與銀行行員以免資產遭侵蝕

3-2

除了虛擬貨幣這種不靠譜的投資之外，銀行行員、理專騙錢的案例也層出不窮，有一個案例讓我印象深刻。我有一陣子常常在我家旁邊的銀行辦事，由於行員的名字都會顯示在櫃台上，因此多少有點印象。某天我就看到那家銀行上了新聞，年代久遠，也搜尋不太到網路資料，不過我記得，似乎是侵占了客戶的錢之類的事情，而被報導的那位行員，就是服務過我的行員之一。

為什麼我感覺滿震驚的，一來那家分行就是我常去的分行；二來那位行員是男性，看起來就很老實的樣子，大家看到應該會覺得他是宅男的那種人。結果你以為老實的人，居然做了這麼大的案子。

這幾年下來，銀行行員、理專，每隔 1 個月～ 2 個月就會上一次新聞，不是侵占客戶的錢，就是代客戶操盤害客戶賠大錢，其中有很多理專或行員是自己投資失利，最後鋌而走險。身為金融業從業人員，錢每天就在他眼前來來去去，當自己已經虧到要狗急跳牆時，就會開始去鑽之前就發現的漏洞，然後金額愈

做愈大，最後紙包不住火，或是客戶發現帳戶數字不太對時，才會被爆出來，新聞上看起來每個案子大概都搞到幾千萬元，甚至是上億元。

你一定心想，金融機構應該是內部控制非常好，而且金融從業人員也應該是有篩選過，操守會比較好才對啊？就是因為你這麼想，你太輕忽人性的風險，才讓這些不肖的行員、理專有了機會。

別輕信理專或行員，留意易出風險的小地方

也不是說你就不該跟行員或理專交朋友，只是他們的工作導致他們很容易跟你有利益衝突，再加上犯罪的個案又這麼多，因此，該依規定做事時就要依規定。例如：在跟金融機構往來時千萬不要貪圖方便，把存摺、印章交給行員幫你保管，密碼更不能跟理專、行員講，跟理專、行員之間也不要有資金往來，這是違法的。如果你的理專或行員私下提出這種要求，你應該立刻拒絕來往，並且跟銀行告知。

或者你也可以多跟幾位理專、多跟幾位行員打交道。當你對商品有疑慮時，可以多問問幾個人的意見，甚至也應該問問非銀行業的專業人士。此外，偶爾要對一下銀行帳戶、證券帳戶、期貨帳戶的數字，不要以為金融機構提供的數字一定對。

我有一位朋友在開證券戶時，沒有跟券商談過交易費率，也沒有太注意，結果 3 年後發現，這家券商一開始就高收他的費率，算起來 3 年被多收了 30 萬元的交易費。

我朋友發現後，營業員還扯說他根本不知道這件事，證券公司根本也不想管，丟給營業員跟我朋友協調。最後，因為我朋友是有錢的盤子（編按：台語，指凱子、肥羊等），所以這件事就不了了之。雖然我朋友選擇吃虧了事，但是，這種營業員也已經完全不能信賴了，後來就將所有資產全部移出這家券商了。

另外一位朋友也有一個案例，他期貨帳戶的交易費用是 68 元、38 元、28 元，照一般業界意思是大台指交易費 68 元、小台指交易費 38 元、選擇權與個股期貨交易費 28 元。結果，我朋友的大台指交易費是 68 元，小台指交易費是 38 元，選擇權交易費是 28 元，都沒錯，但是個股期貨的交易費卻要 38 元。難道是我朋友一開始沒跟營業員講清楚嗎？還是營業員有點不老實？這些經驗告訴我，你不要把一堆事情當成理所當然，風險都在小地方，容易出錯或有風險的地方，你就是應該再三確認。

上面講的是銀行行員跟理專的違法或鑽漏洞行為，但是，更多的時候，是對方並沒有違法，只是沒有善盡金融從業人員的責任而已。金融業最悲哀的地方是，從業人員常常會跟客戶的利益互相衝突。

許多時候理專在賣產品，他思考的不是對你最有利的產品規畫，而是對他最有利的、可以收到最多手續費的，最配合公司行銷制度與獎勵的規畫。老業務常常說，「業績就是業障。」明明他們也知道這是爛商品，但是為了生活、為了混口飯吃，只好配合公司的制度，出賣自己的客戶。

理專寧願賣你高費用率的海外基金，或是由菜鳥經理人操盤、沒有績效可以參考的 IPO（首次公開發行上市）基金，也不願意賣你費用率低廉、績效優異的國內明星基金。理專還會叫你買人民幣、叫你買綠能基金，基本上，過去10年，只要市場熱什麼，理專就叫你買什麼。問題是你買了那麼多，最後有賺到錢嗎？恐怕沒有吧！

所以說，當理專特別熱心推薦你某一檔基金時，很可能不是為了你的資產配置著想，而是他推薦的這檔基金剛好在推廣期。理專有背額度，公司與主管會給壓力，必須達到額度，或是這檔基金他可以抽的佣金多一點。也許有另外一檔基金更優質、更適合你，卻因為他抽不了多少佣金，所以就不推薦了。最後搞了半天，你買的都是一堆爛基金，但是理專自己倒是賺飽飽了。

因此，如果你遇到投資理財相關的從業人員，連你的資產配置狀況都還不清楚，就開口建議你要買股票、買股票型基金或要你買其他金融商品時，這種建議就幾乎不能信。因為理財最重要的是資產配置，當這些從業人員連你目前的

資產配置或風險屬性都不知道時，怎麼有辦法給出任何建議呢？這時候給你的不是建議，而是他們想賣給你的產品。

　　舉例來說，假如我已經將資產的 95% 投資在台股，這已經是個爆表的投資比重了，理專不知道我已經有這麼高比重投資在台股，結果又推薦我買 1 檔台灣股票型基金，這不是很莫名其妙嗎？

理專為了自身利益，常推薦客戶不適合的商品

　　當然，我們也無法將所有的事情都怪罪到理專身上，要怪就怪自己程度不夠，搞不清楚金融界的現狀。換個角度思考就能夠理解，假如你是理專，此時有 2 檔同類型的基金，A 基金比較優質，但是可以抽佣的比率比較少、B 基金比較普通，但是可以多抽 1 倍的佣金。假如說服客戶需要花一樣的時間，你會推薦哪一檔？

　　其實理專為了績效而推薦爛產品的情況還算小 case，還有很多情況更誇張。你不要以為這些銀行從業人員有多專業，實際上專業度不足的，不懂裝懂的一堆。而且他們的財富管理太過行銷導向，讓原本的美名「財富管理」，變成「客戶手續費管理」。台灣的財富管理界因為員工的專業度不足，所以經常賣給客戶連自己都搞不太懂的產品，這 20 年來不知道蒸發多少台灣人民的血汗錢了。

從 2000 年～ 2003 年的科技基金、2007 年的綠能基金、2007 年～ 2008 年的連動債、近期的人民幣 TRF（目標可贖回遠期契約）等。定期都會有地雷爆炸，然後虧死客戶，銀行也沒負到什麼責任。當然，客戶本身也應該負點責任，那是你的錢、你的心血，你自己都無所謂、不在乎，你怎麼能期待別人更重視你資產的安全？

我在投信時常常看到，明明有些經理人的歷史績效已經爛到不能再爛了，投信公司還繼續用他。有些更誇張的例子還會升任主管，讓這個廢物影響到更多的基金，危害更多的受益人。當然，這些廢物確實害了受益人，但是受益人也應該去了解自己的基金操盤人到底是什麼樣的投資水準？他都操盤成這樣了，你還不賣，你自己其實應該負最大責任。

但是，有一點比較慘的是，你去買水果，還會看看顏色、聞聞氣味，甚至敲敲打打，你遇到金融從業人員賣商品時，你卻常常跟理專聊了半天，卻連商品是什麼、手續費要多少都不清楚，或是講了半天就感覺不好意思不買。

千萬不要這樣想，你的錢都是辛苦賺來的，你網購可能亂買東西花了 10 萬元，但是只買到價值 8 萬元的東西，但是你買到見鬼的金融商品，比如之前的雷曼兄弟（Lehman Brothers，曾為美國第 4 大銀行，於 2008 年破產）的連動債，更恐怖！它蒸發掉時，你完全沒感覺，就像銀行數位帳戶被盜一樣，那

個數字就沒了。

更何況推薦你產品的理專，很可能自己都選不出好基金了，你還要聽從他們的指示做配置嗎？除非是被動式資產的配置，否則主動式資產的配置，還想要達到全球化積極性的資產配置，這個需求的專業度可能連我都沒能力做到，更何況是基層的理專？因此，首先記住一點，不要把理專當成你的理財專員，他們只是賣金融商品的業務。

俗話說得好，「不要看他說了什麼，要看他做了什麼。」下次理專再推薦你商品，你可以反問他，「你自己買了多少這個商品？」身體絕對是比嘴巴誠實的，不過這招對笨蛋理專沒用，有時候連理專自己也不知道產品到底是好是壞就亂買了。我只能說，假設理專推薦你買他自己有買過的產品，你還是要多方問問。畢竟如果理專推薦你買的，他自己卻都沒有買，那麼這疑慮就很大了。

績效缺乏公信力
輕信理財達人恐虧損

3-3

　　除了要小心銀行行員、理專之外，投資人也要小心另一種人，那就是所謂的理財達人，因為理財達人界有個重大問題——績效不透明。你買公募基金，你看得到經理人的歷史績效。基金績效是經過會計師認證，幾乎不會有錯，而且每天結算，績效好你才會想買。但是，理財達人的績效透明度很差，幾乎沒有任何具有公信力的績效證明。

　　在 PTT 有貼出對帳單的幾個理財達人稍微比較可信（PTT 最強的那幾個也沒開訂閱），但是，對帳單還是可以造假啊，資訊公開了多少你也不知道。其他的理財達人連對帳單都沒有公開過，他說他選股很強你就信了嗎？光是績效可信度這關應該就有 9 成的達人過不了關。更何況連基金經理人都有 8 成輸給指數，然後市面上每個理財達人都打敗指數，每年大賺 20%，這你也信？你是不是也相信，只要你認真跟他們學習，就可以打敗指數了？

　　你知道過去 20 年，平均每年大盤的績效只有 5% 嗎？結果我去書局看，每

個投資書籍封面都是輕鬆賺、穩穩賺 18% ～ 30%，每年打敗指數 15 個百分點～ 25 個百分點，根本超越了股神巴菲特（Warren Buffett）。只有我上封面的那本雜誌給我寫年賺 10%（這樣已經每年打敗指數 5 個百分點了），真的沒見過像我這麼低報酬率的理財達人，台灣真是人才輩出啊！連巴菲特最近 10 年也很難打敗指數了，那些理財達人真是完勝股神。

投顧老師用不肖手法詐騙，害會員血本無歸

說實在的，以前投顧老師的那招我看現在很多人也還在用。投顧老師將下面的人分成 3 批，每天發 3 組牌下去，3 批人拿到不同牌，過了 10 天、半個月以後，有一組的績效超好，他就叫那一組的人加入會員。會員想說，老師這麼強，花點小錢加入會員很划算，會員費幾萬元一下就可以賺回來了。這種鳥招用 10 年都還有人會被騙。

或者是投顧老師每天講 1 檔股票，1 個月後特別把大賺的 3 檔股票提出來講。如果有人每天記錄就會露餡，但是沒有人會去做這件事。對於投顧老師的操作手法，有興趣的投資人可以去看看《古董張回憶錄》一書，作者張世傑就是投顧界的大老，他書裡寫了一堆主力操作跟詐騙投顧會員的個案。

很久之前，我有一位朋友跟了一位技術分析的老師，我就說，那位老師如果

真的那麼強，那他幫你們代操不就好了？他立刻回答，老師不幫人家代操的，要有緣分！我心想，當然要靠緣分，不然一操就露餡了，好好賺上課的錢不是很爽嗎？這個緣分哏，你知道我還從哪裡聽過嗎？我有一位信教的同事說，「你就算想捐錢給仙姑她也不一定會收，要有緣分！」

我自己真的很難理解，也可能是我沒有同理心，我不知道哪種等級的智商會相信這種話。有一次仙姑跟我同事說要做空，我同事去做空後來虧個半死，結果仙姑和我同事說，因為他命中沒有財，所以仙姑才故意跟他講錯。哇哩咧，有夠扯，誇張的是我同事信了。

為何理財與宗教詐財雷同的地方那麼多啊。我曾經在朋友的推薦下也去聽過一堂投資課，去了之後發現是搞技術分析。上完 1 小時的課之後，我覺得完全在浪費自己的生命，這種技術分析的馬後炮解圖法，就是騙不懂的人而已。老師會先把後面的 K 線蓋起來，然後在關鍵時點解釋技術分析的看法，再來把蓋起來的地方打開，果然如技術分析預期的那樣，看得會員紛紛覺得技術分析真準。你們現在看我講解，你們應該都知道問題出在哪裡吧？

老師可以從過去拿符合技術分析的個案出來講，技術分析判斷錯誤的個案就不提了。不然你就叫老師每次都對未來的走勢用技術分析來做預測，不用 1 個月你就可以發現，準度大有問題。再不然就是一開始就模稜兩可，一下子是 M

頭，彎一彎又變成 W 底，知道會大漲或大跌，但是不知道方向。技術分析最常見的是，一直有訊號讓你買進又賣出，最後發現你的技術分析不見得賺，但是你的券商穩穩賺，因為手續費都被券商收走了。

　　技術分析當然還是有用處，不過是用來抓內線，而不是拿去猜未來。你可以把技術面當成判斷的因子之一，但是絕不能當成判斷的全部。我也常講，我有時候很愛跟技術面對著做，例如：去追破底的股票，因為這時候只看技術面的投資人，他們的籌碼會賣出來，股價變得更便宜。如果「老師」只用技術分析選股，而不管其他的基本面、籌碼面等重要資訊，我建議還是小心為上，全球百大富豪中，我好像沒見過有人單純只用技術分析就上榜。

　　有時候我會看到有人說，某某達人的分析能力不錯啊，我會想說，散戶真是沒什麼鑑別力啊！你到底是憑什麼覺得你有能力判斷理財達人的分析是好還是壞？你自己都沒有投資能力了，你怎麼有能力鑑別別人的投資能力？就算研究員基本面報告寫得符合水準，但是寫報告跟實際下場交易又是兩碼事。我曾經聽一個理財達人講某檔股票，說得每個分析點我都覺得不錯，都有說服到我，但是從結果來看，那位理財達人在那檔股票虧到翻掉（還好，我遵循不懂不要買原則，從頭到尾都沒買）。

　　反之，我可以去玩完全不懂的股票，最後還操作得比很懂那家公司的人還好，

因為股票的短期漲跌或波段走勢，基本面的影響性常常不到 50%，你去了解什麼影響了股票的漲跌，比你懂基本面還重要。例如：傳產股今年（2019 年）4 月～ 6 月大漲，那和基本面無關，尤其是金融股、營建股最明顯，因為這兩種類股不太可能在 1 個月、2 個月內出現基本面大變動，之所以股價大漲是因為電子股資金流向了傳產股。如果你連這個都看不出來，卻相信理財達人買到傳產飆股是因為基本面分析得好，那就是一個大問題了。

理財老師的收入來源主要是會費，而非投資獲利

我還是稍微講一點理財達人的好話來反差一下好了，相對於以前的電視上投顧老師完全像個藝人般的表演，神棍般的假鬼假怪，用煽動的語言來說服會員買訊息，現在很多理財達人純粹是上課，教你投資法，教你投資觀念，其中也有很多人是強調巴菲特的價值投資。與以前的電視投顧老師相比，現在的理財達人教的東西比較正確、比較實用，但是老話一句，我也不信你可以上上課就打敗指數，年賺 30%。

如果真的那麼好賺，你應該看到投資界瘋狂的去上課。請問你上課時，你旁邊的同學是散戶，還是某個投信的研究員、經理人？而且如果真的那麼好賺，那些達人老師怎麼會這麼好，會想教你？最近幾年有 1 檔量化基金，也就是文藝復興科技公司的大獎章（Medallion）的對沖基金，績效超級好，人家可是

把投資贏家的機密保護得很好，外界很難搞清楚他們到底是怎麼操作的。如果他們公開投資心法，也許招式就會沒用了。

　　最後我再強調，投資靠天分，我曾經很認真的教我底下的經理人價值投資，結果他理解成，便宜的垃圾股投資，他完全把價值投資誤會成只買本益比（PE）低的股票。有了這個失敗的經驗後，我根本也懶得教任何人，我那些價值投資的朋友不需要教，因為他們都懂了，需要教的散戶也教不來。而我認真教的那位經理人，自己把基金操爛後，也感覺不出他對我有絲毫的感恩，我會覺得我真的在浪費我的生命。

　　我看過一個案例，直銷的大頭每天吃自家的健康藥品、健康食品，結果提早掛了，不覺得很諷刺嗎？教你選股的投資老師，收入來源不是投資獲利而是會員費，你都不覺得有那麼一點點很奇怪嗎？最有能力上課的老師，不會真的去上課，像是巴菲特、彼得・林區（Peter lynch）等，他們有開課嗎？沒有！最多就是出書，然後本業就是投資大部位的資金，哪可能浪費寶貴的時間幫你上課，而且他幹嘛教會你，讓你變成他的同業對手？

　　最後順便扯個題外話，我有時候願意講解一些投資觀念是因為，我講了你們也學不會，學了也很難超越我，講到讓你懂只是要讓你覺得我很厲害。不過，這也很難講，搞不好就有人可以學到。

3-4 5類經典騙局大揭密 不貪心就能避免

前面介紹的 3 種情況，嚴格來說多半是因為自己的專業度不夠，所以才會有損失，但是下面幾種詐騙，往往是對方有心設局騙你，再加上有時候你自己也太貪心，因此才會虧錢。

類型1》Line 詐騙

我朋友參加了一個 line 群組，裡面帶頭的說，投資 7 萬元，1 個月後還你 10 萬元，然後我朋友就一時中邪買了下去。誇張的是，他還有和對方簽約，不用想也知道，最後對方肯定是違約了！

違約之後對方還猖狂地對我朋友說，「你去告啊。」他就是看準了受害人不會為了 7 萬元去告他，就算真的跑去法院告他，你被騙的錢也早就被他轉走了。那個帶頭的，可能也只是團夥裡面的小弟，最小咖的，後面大咖的人根本也抓不到。

現在很多人都有用 Line，詐騙集團也開始用 Line 來做各種詐騙，他們就開一堆群組，反正是無本生意，100 個人裡面可以騙到 1 個就是賺到。裡面有些詐騙的內容與手法都很離譜、都很粗糙，只要你不太貪心，不要一時財迷心竅，應該就不會被引誘進去。

類型2》直銷、老鼠會、金字塔銷售

我對直銷一直沒有好印象，因為在這個產業要賺錢，幾乎都是要吸下線的血，然後真的成功的人，也只有最高的幾個上線，多數人都是虧錢。這種企業營運模式不是創造價值，只是把價值從底層剝削轉移到高層，因此，直銷也常常被稱為「老鼠會」。直銷的型態很多，不是只有賣保健食品的才是直銷，我還有看過線上商店的銷售是用金字塔型分潤，賣靈骨塔的也可以搞成金字塔型分潤，凡是任何商品的銷售，上線會抽下線的佣金，基本上就是屬於金字塔型直銷。

我來說明一下合法直銷與老鼠會的差異：直銷是透過良好的產品品質，與龐大的下線服務品質，來做好客戶服務，透過賣出產品獲得利潤；老鼠會則是隨便製作一些產品，利用獎金引誘民眾入會來得到收入，不是靠賣產品，而是靠拉下線賺錢。因此，如果有人拉你進去，說不用賣產品，只要一直拉下線就有錢賺，就很可能是老鼠會了。

其他再整理並補充幾個要點，讓大家判斷自己加入的是不是老鼠會：你的收入是否是靠介紹他人加入會員而增加？公司產品的價格定價是否合理？是否需要繳交高額的入會費？契約書是否列明多層次傳銷的管理規範？公司是否有向公平交易委員會報備？公司是否有合法的營業登記？

真正的直銷，因為去掉中間商的費用，所以價格應該要更便宜，如果你發現，商品的價格比市價高，身為業務，你自己都不會想買，你怎麼可能推薦給客戶。用超過市價的價格賣給客戶，不就是想剝客戶的皮嗎？這樣的交易怎麼可能持久，客戶遲早會發現，並且斷絕往來。

類型3》宗教詐騙

像我這種無神論的人就不會被宗教詐騙，但是多數人都有信仰，宗教詐騙跟正派的宗教捐獻界線也沒有很清楚，如果你說哪個教派可以證明他們的神是真正存在，會不會最後沒有任何一個宗教可以證明神是存在的？

我親戚說我的牙齒很硬（編按：指「鐵齒」，形容人嘴硬、固執），什麼都不信。我說要我信可以啊，哪個宗教的神馬上顯靈我就信。要我去相信一個不存在的，或無法證明存在的東西，我就真的沒有辦法，因此，我沒有宗教信仰，也不曾在宗教上花過錢。不像我學弟，看到任何宗教他都會捐一下，爬山看到

和尚，身上沒錢還跟我借 100 元捐獻，我還故意酸他說，「你之前那筆錢還沒還我，所以你那筆捐款的福報回到我身上啦！我最近操盤很順利。」

當然宗教團體也是會把信徒的捐款，再去用在社會公益上面，但是，我非常重視資源使用效率的問題。我懷疑捐給宗教團體的錢，最後用在社會上面的比率不到 50%，其他任何慈善機構也是，因此，在我沒有確實研究過慈善機構的效率之前，我就完全不想捐。

我念大學的時候，發生 921 大地震，剛好我游泳隊的學弟就是住在南投的災民，我那時候就直接給我學弟 500 元了，我說我就直接捐給你，我學弟也很大方地收下了。10 年後我吃飯時又提到這件事，那傢伙竟然忘得一乾二淨了，還跟我說不記得有這件事了。說到底，施人恩惠，結果自己記得那麼清楚，應該是我的問題吧？我同學還說我學弟他家有兩套透天，他搞不好比我還有錢吧！後來我想一想，這 500 元好像有點給錯了。

類型4》龐氏騙局

鴻源案是台灣龐氏騙局（編按：龐氏騙局是指騙人向虛設的項目投資，再利用後期投資者的資金，向早期投資者支付利息的一種詐欺方式）最有名的，也是最大宗的案例。

1981 年，沈長聲等人創立鴻源集團，表面上是投資機構，其實就是老鼠會，利用高利率吸引一般人民投資，最後吸引了將近 1,000 億元的資金。1989 年，立法院修正《銀行法》，檢調機關開始查緝地下投資公司，鴻源機構在幾個星期裡發生了 4 次擠兌，領走了 200 億元，最後 1990 年忽然倒閉，留下 16 萬債權人跟負債逾 900 億元的殘局，最後公司資產處理完只剩 40 億元，投資人的錢多數都拿不回來。

雖然鴻源集團案情重大，但是首腦沈長聲卻只被判有期徒刑 7 年，併科罰金 300 萬元。服刑 4 年後，沈長聲在 1994 年就假釋出獄，出獄後還過著奢華的生活。一般人都相信，沈長聲在案發前就已經脫產了，隱匿了大筆財產才有辦法在出獄後過得那麼「滋潤」，多數鴻源案的受害人都慘兮兮。

為什麼那時候的投資人會被騙呢？鴻源號稱 4 分利，15 萬元 1 單位的產品，每個月就給你 4% 利息。那個年代（1980 年～ 1990 年）的利率是比目前高，1 年的定存利率高達 5% ～ 10%，但是，鴻源 1 個月就可以有 4% 利息，絕對還是遠高於當時的利率。

鴻源就厲害在它營運的 8 年裡，每個月都可以付你利息，就算經過擠兌還是撐了下來，更加深大家的信任感。鴻源號稱它們買下了許多企業與資產，例如：產銷「蘋果西打」的大西洋飲料公司、仁愛圓環的老爺酒店等 20 家企業，幫

它們帶來龐大利潤，因此有能力給付利息。那時候只要是鴻字開頭的公司，就可能是鴻源集團的公司（當然不包含鴻海（2317））。

　　除了國內的投資之外，鴻源也聲稱它們有投資海外。那個年代，錢洗到海外之後，大概就很難追回來了。當時許多人都認為，鴻源集團的經營能力遠超過王永慶的台塑集團，沈長聲的聲望更是直逼老蔣總統（編按：指蔣中正）。

　　除了鴻源案之外，這幾十年下來，利用高利率吸金的詐騙案層出不窮，每隔一段時間都會上新聞，永遠會有人被騙。美國也有個馬多夫案，差異在首腦馬多夫（Bernard Madoff）給投資人的利率相對比較合理，大家感覺好像比較正常，於是它維持了 20 多年，吸了 500 億美元（約合新台幣 1 兆 5,000 億元）的資產，受害人超過 3 萬人。

　　馬多夫案的問題在於交易不透明，沒有人知道馬多夫到底是如何維持那個相對較高的報酬率。在市場很多不同漲跌的情況下，馬多夫都是賺錢，大家願意投資馬多夫是因為他長期穩健的績效，他聲稱這個優異的操盤能力是企業機密。而且馬多夫的投資者有很多都是知名法人機構，當這些機構都買了，你也會相信應該沒問題吧？再加上馬多夫曾經是美國那斯達克（Nasdaq）股票交易所董事會的主席，此外他還是知名的慈善家，在有錢人中社會地位極高。在這樣的光環下，誰會相信他是個騙子？

　　我真的承認，像馬多夫這種高級詐騙的個案真的不好判斷，我們能做的就是分散風險。馬多夫再怎麼厲害，你也不要在他那邊就投資超過你淨資產的1/10，如果你風險控制得宜的話，你也不可能運氣差到投資到10個馬多夫吧。

　　在美國，金融盛行，受騙上當的機會比較多，但是在台灣，你只要不要買到地下機構的商品，應該就沒有大問題，不過也不是百分之百安全。例如前陣子的TRF（目標可贖回遠期契約），就是銀行賣出來的。這個年代你不自己多學點金融知識，就要謹記一個原則：不懂的商品不要買。

類型5》專業人士詐騙

　　通常我們遇到不懂的專業時，會相信專業人士的話。例如：當我們去看病，醫生跟你說要吃什麼營養補充品，你就買了，或是跟你說什麼手術很好，你就開下去了。我有好幾個朋友就去開汗腺手術，因為手汗很多，會有點麻煩，有點不好看。但是沒想到，開完後的副作用更大，有些地方不流汗的代價，是其他地方會流更多的汗。這種術後狀況比原本更差的案例，還聽說有人會有性功能下降的副作用，朋友說還要再花一大筆錢把原本的神經再接回。

　　個人這幾年醫療的經驗是，我們不能完全依賴醫生的判斷，萬一你遇到一位

庸醫，你的身體健康全部都託付在他的診斷上。如果他診斷與醫療有問題，承擔風險的是你。

　　講個我自己的經驗。我念高中、大學時，一直有拉肚子的問題，我看過很多位醫師，結果醫師都只是聽我講講，就隨便地說我有大腸急躁症。我還為此常常喝優酪乳，吃些貴又浪費錢的酵素，結果根本沒有效果。這都是因為醫師的診斷錯誤，用錯誤的方式治療我的拉肚子症狀，所以情況才會沒有任何改善。我是後來有一天突然想到，我爸有乳糖不耐症，說不定我也是這樣，之後有一陣子完全停用乳製品，包含優酪乳後，我的胃腸就恢復正常。

　　我非常驚訝，為何當初的那堆醫生從來沒問過我的家族病史？我自己當然是白痴，但是醫生怎麼可以不稍微從科學的角度來診斷，反而輕易的推論我就是大腸急躁症，而不是單純的乳糖不耐症？從那一次之後，我對所謂的專業人士意見的信任度就下降很多。我認為遇到事情，你應該自己多方找知識、多找幾位專家，而不要單單只聽一、兩位所謂的專家的意見。

　　現在是網路時代，知識取得很容易，我甚至相信，以後 AI（人工智慧）對人的診斷，會比醫生更準確。會犯錯的都是人，AI 不容易犯錯，就像是我也相信以後汽車都給 AI 開，會比給人開安全，畢竟目前統計上，車禍發生的原因多數都是人為因素。

除了去看病容易相信醫生的話之外，當我們去修機車時也差不多。通常機車行師傅跟你說什麼東西壞了要換掉，你也就換了，然後你大概也對那個零件的價格沒什麼概念，跟你說多少錢，你都接受。如果老闆講可樂 1 罐 50 元，你馬上就知道對方賣貴了，可是機車零件，你搞不好連念都不太會念，也不清楚那個零件用在機車的哪裡。你根本也不可能會知道那個零件價格多少，是不是真的壞掉了要換，你也不知道。

我就曾經在一家機車行聽師傅跟我講什麼東西壞了，結果另一家說沒壞。或是一家跟我說引擎需要搪缸，結果，另一家說不需要。最後我的解決方法通常是找自己信任的老闆修理，或是修理比較貴的零件時，多問幾家。直接找信任的商家，你可以降低被騙的風險，也可以降低你為了防止被騙，找資訊時所付出的成本。我想大家修機車偶爾都有被騙的經驗，比如網路上很有名的「公道價八萬一」事件。

2012 年，有一位網友上班途中機車故障，只好就近送修。1 週後回去車行卻發現機車整個被拆開，老闆還要求 8 萬 1,000 元的修理費。網友被這天價驚嚇到，這修理費比買新車還貴了，就說不想修，老闆說全部裝回去還要 4,000 元～5,000 元的工本費。這件事情被該名網友 Po 上網。之後有記者偽裝顧客去求證，本來想換個煞車皮，結果老闆卻拆起坐墊，等到記者離開後，老闆又擅自更換零件並且開高價。在記者強烈要求下，老闆才不甘願的復原。

報導公開後，一些吃過虧的消費者與記者一同去理論。新聞畫面中，老闆眾多反應讓人開了眼界，於是老闆暴紅也留下許多名言，「你在大聲什麼啦」、「不要起爭議啦」、「公道價八萬一」、「你去法院講」、「換煞車皮本來就要拆坐墊」，讓人看了很傻眼。

這裡補充一個小知識，《消費者保護法》已經明文規定，維修之前業者有事先告知消費者的義務。如果遇到消費糾紛，可以到行政院消費者保護會網站（appeal.cpc.ey.gov.tw/WWW/Default.aspx）進行申訴，也可以撥打1950（全國消費者服務專線）向各地方政府消費者服務中心進行申訴！

遵守防騙3原則
才能保住更多投資本金

3-5

俗話說，「人講講不聽，鬼牽直直走（編按：意指不懂分辨好人壞人，不聽好人的勸導，反而去相信壞人的話）。」各式騙局通常會給你很高的報酬率，只要你不貪心，就不會失去理智被騙。我大概整理了一下，簡單列出防騙 3 原則，只要沒有通過這些原則，就不要買，應該可以大幅降低被騙的機率。

原則1》不懂不要買

如果你不懂某個產品，你就不知道預期的報酬大約多少，是 5％？是 10％？還是 30％？你也不知道風險程度是多少，看錯方向會虧 10％，還是 50％？甚至會完全虧光？產品波動度如何？像選擇權的賣方就是獲利有限、風險無限，期貨與選擇權因為有槓桿，所以平均來說波動是股票的 5 倍～ 20 倍。

產品的交易安全程度好嗎？你把錢存放銀行，有可能銀行倒閉，錢就拿不回來。你交易資產，可能會有交易券商的風險，而完全掛在交易風險。假設你

2008 年空房地產，結果你買到雷曼兄弟的產品，其實你本來應該要因為看對方向（看空房地產）而大賺，結果雷曼兄弟倒了，你能不能真的拿回你應得的報酬跟資產都成了問題。即使可以，那漫長的法律程序也夠你頭大了。

我經歷過商學科系的教育，也待過投資界 10 年以上，我每天看一堆財經資訊，就算這樣，我還是有很多東西不懂，更何況是散戶？現在衍生性金融商品、投資型保單每天推出，不是簡單的數學就能算出商品的風險、報酬、波動等細節，如果你不懂，很可能會買到不利的產品。賣方當然會搞懂，沒賺頭的東西他才不會賣，例如人民幣 TRF（目標可贖回遠期契約）就是很好的案例。

但是，這也並非絕對，很多時候銀行、壽險等金融機構，你以為是法人機構就很專業，它們在金融海嘯時也是買了一堆 CDO（擔保債務證券）、CBO（擔保債券憑證）等金融商品而大虧，也同時把連動債賣給了客戶，讓客戶也大虧，然後消費糾紛一堆。這個案例是因為銀行業和壽險業相信信評機構的評價，客戶又相信銀行推出的商品不會是詐騙，結果是商品本身有問題，還是踩了地雷。因此，最好的辦法就是，不懂的東西不要買。

原則2》Too Good to be True

Too Good to be True 翻譯成中文就是，「太好的東西就不太可能是真的。」

例如：南非幣、澳幣，有著相對新台幣更高的利率，你只看到利率而沒看到匯率風險，你就會踩雷。有時候，會有人跟我説，某某機構推出限量產品，只針對有錢人發行，只有有錢人才有這個好康。通常事實不是這樣，是賣散戶騙不了多少錢，騙大戶一次才騙得多。而且東西那麼好，賣方為什麼要賣你？他自己全部吃下來就好了啊！

市場通常是有效率的，好康的東西，別人找到就衝過去買光了，哪裡輪得到你。真的讓你在地上看到錢，你伸手去撿，通常多數時候是玩具鈔票，或是很像錢幣的普通金屬而已。

原則3》風險與報酬會對稱

投資市場的商品通常風險與報酬會對稱：高風險的商品會有高報酬，低風險的商品會有低報酬。你要找到低風險高報酬的東西，也不是説一定沒有，但是你有能力判斷嗎？就我的經驗，市場中高風險低報酬的垃圾商品倒是很多，例如前陣子居然有人推出公司債，結果冒了這麼大的風險，報酬率在扣除費用後居然跟貨幣基金（例如餘額寶）差沒多少。你去買這種產品真的是在繳智商税了。

本章提到的這些騙局，在防騙 3 原則篩選下應該都不會過，不過，如果你自

以為天才，自以為懂對方的東西，你還是會中，因此最好的辦法是多充實金融相關知識，畢竟金融市場總是不斷推出新東西，像是虛擬貨幣這東西就是最近幾年才出來的，全球央行狂撒錢在歷史上也是第一次，只有不斷進步才不會被淘汰。對我來說也是一樣，雖然我已經有 20 年的投資經驗了，但是，我還是常常要吸收新知識、面對新的金融挑戰。

最後，再補個防騙的觀念，我們寧願錯過大好的獲利機會，也不要不小心踩到詐騙陷阱。通常對散戶而言，前者也不常見，後者卻很多。只有避開詐騙陷阱，才能留住更多的錢。

Note

第4章

堵住口袋破洞》 不當投資

4-1 外幣投資風險比你想得高 小心賺到利差賠了匯差

　　除了消費失控、被詐騙之外，不當投資也是讓大家口袋破洞的原因之一。以前台灣人只會存錢，後來慢慢大家也接受了投資的觀念，願意把資金投到報酬率比較高，而且風險也比較高的資產。但是，投資陷阱多，加上多數人專業不足又太過貪心，就容易踩到投資陷阱，導致偷雞不著蝕把米。

　　下面先來看外幣交易所隱藏的陷阱，至於追買熱門基金、股票等其他不當投資的案例，則留待後續章節再來介紹。

風險貨幣1》南非幣、澳幣

　　南非幣、澳幣是之前台灣人投資很多的外幣貨幣，投資的誘因是它們的利率很高，好的時候可能高達 5% ～ 10%。但是，這幾年下來，南非幣 1 元兌新台幣的匯率和澳幣 1 元兌新台幣的匯率，一路下探，使得投資人賺了利率，卻虧了匯率（詳見圖 1）。

圖1 南非幣和澳幣兌新台幣的匯率一路持續下探

—— 南非幣兌新台幣匯率走勢圖

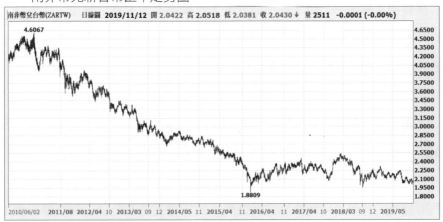

—— 澳幣兌新台幣匯率走勢圖

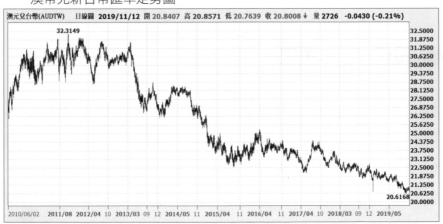

註：統計時間 2010.06.02～2019.11.12　　資料來源：XQ全球贏家

　　一般來說，散戶都只看到高利率，卻沒看到匯率風險。如果散戶有點利率、匯率、總經的觀念，就應該要知道（可是很多散戶不懂），通常利率高的國家，常常都有通貨膨脹率（以下簡稱通膨率）比較高，國家赤字嚴重，還債能力不佳的問題。如果你單純把名目利率減去通膨率，算出實質利率，就可以看出，高通膨率國家的實質利率會比名目利率低很多。

　　從表面上看，台灣的名目利率很低，只有 1.04%，不過通膨率也很低，只有 0.43%，因此，比較實質利率的話，台灣其實比很多國家都還要高（詳見表 1），而扣掉通膨的實質利率才是大家真正得到的報酬率。此外，通膨率高的國家，它們所發行的貨幣也可能會相對其他國家的貨幣更趨向貶值，常常讓投資人賺了利率卻虧了匯率。

風險貨幣2》人民幣

　　2013 年 2 月，台灣開放本國銀行承作人民幣存款業務，拉高存款利率到 3.8% ～ 4.3%，當時新台幣的定存利率只有 1.4% 左右，光是利差就快 3 個百分點，而且人民幣自 2010 年中國政府重新開啟匯率改革以來，幾乎都是一直升值，1 美元兌人民幣的匯率（以下簡稱人民幣匯價）從 6.83，一直升到接近到 6.08，升值幅度大約 12%，因此，對台灣投資人的吸引力大增（詳見圖 2）。

表1 台灣的名目利率雖低，但實質利率卻比多數國家高
──主要國家利率差異

國家	名目利率（％）	通貨膨脹率（％）	實質利率（％）
台灣	1.04	0.43	0.61
美國	2.15	1.80	0.35
南非	4.50	4.00	0.50
澳洲	1.05	1.70	-0.65
德國（歐元區）	0.00	0.85	-0.85

註：1. 統計時間為 2019 年 10 月；2. 名目利率採 1 年期定存利率計算　　資料來源：各國央行

　　2014 年年初，台灣所有銀行的人民幣存款餘額高達人民幣 2,145 億元（約合新台幣 1 兆元）。結果 2015 年開始，人民幣反向走貶，2017 年人民幣匯價還貶破 2010 年起漲點的 6.8，甚至接近到 7。投資人本來想利差、匯差雙賺，結果因為匯率貶值，最後反而虧了。

　　人民幣存款還不是最慘的，最慘的是中小企業大買的 TRF（目標可贖回遠期契約）。這是一種衍生性金融商品，用選擇權組合而成。本來企業經商會有合理的匯率避險需求，但是，TRF 實際上是拿來當賭人民幣升值的投機工具。

　　TRF 的交易是由銀行與客戶對未來匯率方向對賭。主要是客戶向銀行賣出匯率選擇權，在收取權利金的同時也買入選擇權做部分保護（但是無法涵蓋所有

風險，因此當人民幣貶值超過一定幅度，客戶風險就變成無限大），而交易對手，也就是銀行的契約則是風險有限，到達某個人民幣匯價就自動停止，客戶方卻是風險無限，要一直到契約結束才停止。

TRF 合約通常分為 12 個月或 24 個月，每個月進行一次結算作業。交易門檻多在 100 萬美元（亦為投資人的本金），同時會約定一個比現貨價格還低的執行價格、距離現貨價格更遠的上方保護價，以及虧損時必須乘上的槓桿倍數（目前市場最常見的為 2 倍槓桿倍數，亦即客戶虧損時是 2 倍虧損），有些銀行會再加設一個中止價。根據摩根士丹利（Morgan Stanley）的 TRF 契約範例來看，執行價是人民幣匯價 6.15、上方保護價是人民幣匯價 6.2、中止價是人民幣匯價 6.05（詳見圖 3）。

2013 年～ 2014 年時，整個亞洲（包含香港、新加坡、台灣等地）的 TRF 相關商品，規模約在人民幣 1,000 億元至 2,000 億元。如果只看台灣，整體規模約在人民幣 300 億元至 500 億元。

台灣中小企業買進人民幣 TRF 的時間點，大多落在 2014 年年初，當時人民幣匯價在 6.05，而 TRF 契約的上方保護價集中在 6.2 ～ 6.25。以 2015 年～ 2016 年人民幣走貶的態勢來看，如果客戶的口袋不夠深，將無力補繳保證金，就可能被銀行斷頭，提前認賠殺出。

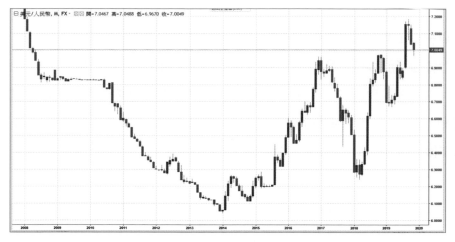

圖2 人民幣匯價自2014年開始持續走貶
—— 美元兌人民幣匯率月線圖

註：統計時間 2008.01.01～2019.11.01　　資料來源：鉅亨網

　　2016 年，《商業周刊》曾經統計，TRF 造成台灣 3,700 家中小企業破產。此外，金管會統計指出，從 2014 年 1 月到 2017 年 6 月，投資人因為投資人民幣 TRF 所產生的淨損失，高達新台幣 732 億 5,400 萬元。截至 2017 年 11 月底止，台灣所有銀行因為 TRF 打銷呆帳和提撥備抵呆帳金額，共高達新台幣 168 億元，而且尚有 84 件爭議案件還在處理。

　　從前面的數字來看，我在猜可能是大企業比較懂、比較有專業人才，因此沒

有涉入 TRF 這種比較複雜的衍生性金融商品，也可能是大企業比較虧得起，虧了也不會痛、不會叫，因此這次的 TRF 風暴，多數是中小企業受害。

以中小企業人員的專業度來說，我很懷疑有多少老闆搞懂 TRF，甚至連財務會計經理可能都不太懂。而且 TRF 是匯率相關的衍生性金融商品，從設計上來看，也不是匯率避險的好工具，因為 TRF 買方在人民幣匯價升值到一定程度後，獲利就停了，哪有避險需求者會買這樣的商品？如果想要靠 TRF 獲利，也是風險無限，獲利有限，怎麼算都是期望值不利的東西。

但是，中小企業老闆大概跟散戶一樣，認為反正人民幣匯價只升不貶，這筆交易完全是穩賺的，根本沒想到人民幣會忽然貶這麼多，損失還無上限。等到最後大虧，就想去吵銀行、吵政府，不過，這些商品的買賣當初都是有簽訂合約，除非金融機構在銷售時有明顯瑕疵，不然這筆錢多數是賠定了。

如果是從銀行的角度來看，我覺得 TRF 的銷售模式跟 2008 年金融海嘯時的地雷——連動債、CDO（擔保債務證券）根本沒差。外國投資銀行把連動債、CDO 等商品拿來向台灣的金融機構兜售，它們賺了最大筆的費用或佣金，而台灣的銀行再把這些商品拿來賣給散戶，小賺了一筆手續費，結果是客戶虧死。當初也有很多壽險公司認為這些商品不錯，自己也買了不少，結果一虧下來就是幾百億元。這次 TRF 也是外資拿來台灣賣，台灣金融機構小賺一點手續費，

圖3 人民幣TRF的獲利有限，但是風險卻無限

—— 人民幣TRF契約範例

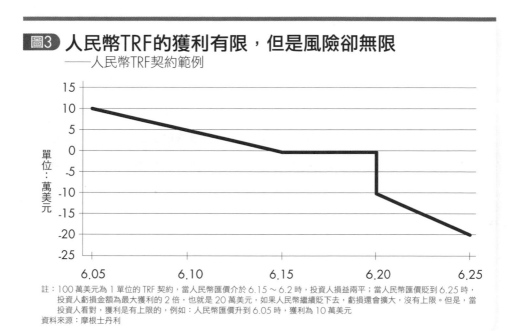

註：100萬美元為1單位的TRF契約，當人民幣匯價介於6.15～6.2時，投資人損益兩平；當人民幣匯價貶到6.25時，
投資人虧損金額為最大獲利的2倍，也就是20萬美元，如果人民幣繼續貶下去，虧損還會擴大，沒有上限。但是，當
投資人看對，獲利是有限的，例如：人民幣匯價升到6.05時，獲利為10萬美元

資料來源：摩根士丹利

又虧死了客戶，而且惹上一堆官司，完全得不償失。

　　我不確定台灣金融機構的從業人員，是否連判斷商品問題的專業度都沒有？2008年的CDO是被信評機構評為投資等級，那時被騙還情有可原，畢竟在還沒有經歷過金融海嘯前，信評機構的可信度還是有的，然而這次的TRF擺明就是個對客戶而言低報酬、高風險的商品，為什麼他們還會推薦給客戶？是這些金融機構從業人員真的沒專業嗎？還是他們為了賺手續費跟佣金，明知商品

有問題，但是公司可以大賺，因此就賣了？

就我的感覺，大概前者占 7 成，後者占 3 成吧？我猜應該也有很多金融業人員跟客戶一樣無知，覺得反正人民幣只漲不跌，就向你推薦了。因此，下次你不要再把這種買賣金融商品的重要決策依賴在金融機構從業人員的專業上了，畢竟這十多年下來，相信金融機構從業人員而買的多數金融投資商品經驗都不太好。

追買熱門基金 小心買在高點

4-2

除了投資外幣，只看利率不看匯率之外，投資人還有一個通病，就是通常市場熱什麼就去買什麼，這種追熱門的投資法死亡率都超高，這是我個人的經驗。我剛接觸投資理財時（念大學時），有一年看到西班牙、葡萄牙基金居然都是40% ～ 50% 的報酬率，剎那間我還滿想去買的。但是，我的理性跟我説，我又不懂那兩個市場，因此最後沒有進場買。不過，這個經驗也讓我稍微可以理解散戶在想什麼。

股市有一句話：「（大盤）大漲三日，散戶不請自來。」個股來看也是如此。沒漲的時候，都沒有量，等到股價上漲一段時間後，往往會開始爆量，而且漲勢更凶猛，但是，追熱門股的下場通常都很悲劇。

追漲的邏輯剛好跟價值投資邏輯相反，那些主流股、熱門股確實都漲得很有道理，可是當大家都知道利多時，基本上就不太會有便宜貨，甚至會因為多數人都在追而出現溢價。當熱潮一過，獲利就會急速壓縮，連評價也下跌。兩個

利空加總起來的結果，就是價格快速且大幅度的下跌。去年（2018 年）電子股的被動元件熱潮就是如此。 追漲的心態也是有理論根據的，參考投資心理學，人們會把過去的漲勢連結到未來的漲勢，只要過去一陣子一直在漲的金融商品，人們本能地就會認為，未來也會一直漲，這個想法剛好跟「均值回歸」的原則相反。

「均值回歸」幾乎就是投資界的牛頓定律，它的意思是，通常漲多的標的（可能是整個市場、區域市場、類股、個股。範圍愈大，回歸效果愈強），之後會下跌；通常跌多的標的，之後會回升，不過，散戶追漲都沒有好下場。下文分別舉幾個追熱門基金，可是下場卻很慘的例子給投資人參考一下。

熱門基金在績效好的時候，投資人搶著買進，基金規模也一再擴大。然而，一旦碰到景氣或趨勢反轉，就很容易套牢。

案例1》安聯全球綠能趨勢基金

安聯全球綠能趨勢基金（原名為「德盛安聯全球綠能趨勢基金」）在當年（2007 年）是超熱門的基金，完全抓住了時代的趨勢。當時原物料價格狂飆，油價突破每桶 100 美元，全球急著尋找替代能源，所有能源、原物料相關的股票都漲翻天。

　　這檔基金募集在能源題材最熱的時間點，基金上路後淨值也水漲船高。2006 年 10 月 11 日基金開始操作時，淨值才 10 元，半年左右淨值就大漲 4 成，2007 年更衝上 18.46 元（2007.12.27），才 1 年多的時間淨值就漲了 8 成。

　　之後銀行理專開始大力叫進，投資人衝進去搶買，基金規模也一再擴大。原本這檔基金在上市時只申請了 120 億元的額度，2007 年 1 月再追加 120 億元的額度，2007 年 9 月再追加 80 億元的額度，2008 年油價突破每桶 120 美元，當年 6 月又再追加 80 億元的額度，基金規模衝上 400 億元。

　　但是，隨著金融海嘯爆發，油價、替代能源價格暴跌，這檔基金的淨值跌到 7 元左右，規模也只剩下 160 億元，但是，這齣悲劇到這裡其實只演了一半。通常散戶只要套牢就會自動轉成長期投資，希望隨著景氣回升至少能回本。然而 2009 年之後，金融海嘯的負面影響在全球政府與央行的力挽狂瀾下快速消失，但是這檔基金卻沒有漲回剛發行時的淨值 10 元，更離高點 18.46 元還很遠，2011 年 10 月 4 日甚至破底到剩下 6.3 元。從最高點到最低點，淨值跌了約 66%（詳見圖 1）。

　　如今，不管是台股或美股，都已從金融海嘯時的低點上漲了 200% ～ 300%，但是，這檔基金的淨值還是在 9 元左右。如果你是一直抱著這檔基金

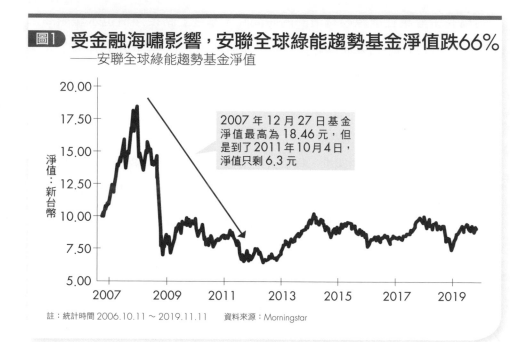

圖1 受金融海嘯影響,安聯全球綠能趨勢基金淨值跌66%
——安聯全球綠能趨勢基金淨值

2007 年 12 月 27 日基金淨值最高為 18.46 元,但是到了 2011 年 10 月 4 日,淨值只剩 6.3 元

淨值:新台幣

註:統計時間 2006.10.11 ~ 2019.11.11　　資料來源:Morningstar

的投資人,你損失的機會成本比你當初 2008 年大虧時還多非常多,因為你本來有機會可以賺到 200% ~ 300%,可是你死守這檔基金,最後只賺到從低點上漲的 44%(以 2019 年 11 月 11 日淨值 9.09 元計算)。

案例2》中國 A 股基金

2014 年年初,中國上證 A 股指數從 2,000 多點開始上漲,之後在 2014

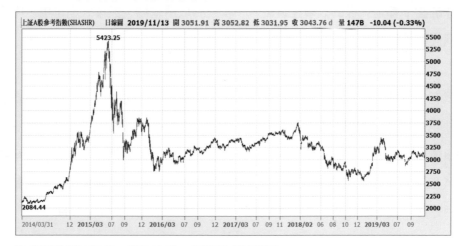

圖2 上證A股指數在2015年盤中衝到5423點的高點
──上證A股參考指數股價圖

註：統計時間 2014.03.31～2019.11.13　　資料來源：XQ 全球贏家

年年底開始往上噴出到 5,423.25 點（2015 年 6 月 12 日盤中高點，詳見圖2）。一直以來，中國股市完全是走自己的路，跟國際股市脫鉤，我到目前還沒有搞懂當時那波段上漲到底是為什麼，可能是用股市泡沫轉移房市泡沫。之前公司長官說，這個波段可是一生一次的投資機會，千萬不要錯過。我們事後看，那波的下跌也可以算是一生一次的崩盤。

中國人在炒作時都是很凶猛的，不管是白酒、普洱茶、房地產、P2P 借貸（指

個人對個人的直接金融)、共享單車、虛擬貨幣、股票,什麼都可以炒,什麼
都不意外。每次炒作都是標準的泡沫,每次泡沫破裂都蒸發掉散戶不少財富。
泡沫的當下都是一樣的故事在重複。一波波的散戶進場,然後大戶出場,中國
常稱此為「割韭菜」。

　　我有一位朋友在中國工作,看著身邊的人都進場了,也賺錢了,最後還是撐
不住也進場了,進場點就剛好在指數 5,000 點左右,那位朋友後來一直把這
件事情當成自我解嘲的笑話來講。台灣的投資人那時候當然也是瘋狂的投資中
國 A 股基金,通常市場當下漲什麼,理專就會推薦什麼。如果你問我,究竟是
散戶追漲,理專才推薦;還是理專推薦,散戶才去追漲?我覺得都有。

　　一般來說,如果理專真的推薦,未來表現會好但是現在績效不好的基金,散
戶通常都興趣缺缺,我自己操盤的經驗也是如此。我每次都建議,我的基金績
效不好是相對買點,績效好是相對賣點,但是,實際上,我的基金都是在績效
好的時候規模增加、績效不好的時候規模減少。

案例3》投信新募集的基金

　　除了要留意熱門基金之外,也要留意投信新募集的基金。首先是時機點的問
題。追漲對投信來講,一樣無可厚非,因為投資人喜歡買熱門基金、高報酬率

基金，所以當投信一窩蜂推出綠能基金時，就是綠能產業股價的高點了。當投信想推出大中華基金的時候，通常就是中國股市的高點了，屢試不爽。

反過來看，投信如果真的想賣受益人後面會大賺的基金，那個當下肯定連基金募集都可能會失敗。舉例來說，想在金融海嘯的 2008 年下半年募集金融股基金，你覺得有人會想買嗎？業務跟你推銷八成會被你罵得狗血淋頭吧？我們現在可以馬後炮來看，2009 年這些金融股，很多到現在漲幅都是好幾倍，但是，你現在也知道那個最好的買點不會有人想買。

當然，我上面講的例子也是馬後炮，2008 年那一年，不會有任何投信的高層有那個先見之明，可以判斷金融股後面會大漲，因此，投信自己也沒能力選出有大漲潛力的基金賣你。如果投信真的有那個能力，光是選對有潛力的類股就可以讓基金績效暴衝了。但是你看看，許多基金績效不但沒有暴衝，還一直被指數狂電，所以說你真的無法依賴那些人對未來投資價值的判斷能力。

再來，新募集的基金常常會用免手續費的誘因，但是，基金最重要的是報酬率，而且你有很多管道，例如定期定額，就常常可以免手續費買到基金，為什麼去當冤大頭買新募集的基金？除此以外，新募集的基金還有一堆問題點：

問題1》基金閉鎖期無法贖回

募集的基金有閉鎖期，從 1 個月到 3 個月不等，在此期間之內投資人不能將基金贖回，等於是你的錢被多鎖了好幾個月，你卻沒有額外任何好處。

問題2》基金閉鎖期結束出現資金外逃情形

基金閉鎖期結束後，幾乎都會發生資金外逃的情況。因為很多資金是為了成立而被硬拗進來的錢，比如說被強迫購買的冤大頭投信員工，以及被強迫背額度的理專。由於這些人並不是真心想投資，因此一旦閉鎖期結束就會馬上贖回。

然而短時間的大筆資金流出會造成基金經理人的操作困難。假設基金經理人在持股高檔遇到基金大筆贖回，因為每筆賣出都有賣出的交易成本，而且大筆的賣出又會遇到流動性風險，所以閉鎖期結束後，愈早跑掉的資金愈不用負擔到那些成本，而留下來的資金就得全額負擔。

有時候基金經理人因為早就知道閉鎖期結束後會有大筆資金贖回的風險，所以持股非常低，但是，就我認為那是錯誤的。你既然想買這檔基金，就是因為看好這個市場，如果基金經理人只是為了應付贖回因此低持股，好死不死這段期間又遇到大多頭，結果你明明就買了大中華基金，不過這 3 個月在閉鎖期，中國股市大漲你卻沒參與到，應該會很想罵人吧？

問題3》無法判斷基金未來潛力

新募集的基金加上新經理人的組合，往往讓投資人對該檔基金未來的潛力完全摸不著頭緒。新募集的基金會有怎樣的報酬率不知道，經理人能不能操得好不知道，那你為什麼急著買呢？為何不等到這檔新募集的基金有 1 年～ 2 年的績效可以參考時，再來投資？

就算這位經理人有過去其他的基金績效可以參考，但是你還必須考慮，這檔新募集的基金類型是他過去所擅長的嗎？如果不一樣的話，你得合理懷疑過去的績效紀錄沒有參考性。當然我私心會認為，最優秀的經理人不管操盤任何基金都會表現良好，前提是這位經理人真的是優秀的經理人。

部分投信高層有錯誤的觀念，他們認為，國內基金操得好的人，不表示國外基金也可以操得好；小基金操得好的人，不一定大基金可以操得好。這是錯誤的觀念，基金的績效好壞最重要的還是經理人，其次是研究部門。

既然基金績效好壞成敗都源於基金經理人的能力，如果這位經理人過去的紀錄就已經很差，你更不要奢望他忽然變成明星經理人了，繼續失敗下去的機率會比較高！

4-3 散戶資訊嚴重落後 追買熱門股下場淒慘

聊完基金我們再來聊股票。在股市中待久了你會發現，不只法人喜歡有題材性的主流股，散戶更是喜歡盤面上最強的股票，因為買了馬上會漲。愈漲愈買之後，散戶的信心會莫名的提高，然後愈買愈多。通常散戶還不甘於只買現股，這樣賺太少，他們還要融資，甚至買槓桿比重更高的個股期貨或選擇權，務必求 1 檔股票就翻身。

但是，悲慘的地方在於，每次追熱門股的結局都不是致富，而是虧光，元氣大傷，就好像韭菜一樣被主力操盤人一波波收割乾淨。然後，等到這波風頭過去，主力再次炒作新題材時，又會有一堆散戶進場追高，最後再被法人收割一次韭菜。

從經驗上來看，每次只要有什麼缺貨、供需失衡、供給不足、需求大增的題材，散戶就會死一次。例如：2009 年的遊戲類股、2013 年～ 2015 年的生技類股、2018 年的被動元件都是如此，分別介紹如下：

案例1》2009 年的遊戲類股

2009 年宅經濟發威，網龍（3083）靠著新的遊戲趨勢大賺。我曾經看過一篇雜誌報導，證券自營部操盤人買網龍大賺，內容說是選股精準，看重遊戲產業的趨勢，重壓大買，因此，靠著選股能力而大賺。

你現在回頭看看，網龍在 2009 年衝到高點 519 元（2009 年 7 月 20 日盤中高價）後，股價一路下探，近幾年都在 50 元以下，最低還只剩 19.9 元（2015 年 8 月 25 日盤中低點，詳見圖 1）。

你不覺得很諷刺嗎？所謂的趨勢呢？所謂的遊戲大賣呢？怎麼看都比較像是曇花一現，就好像曾經流行一段時間的蛋塔熱潮、傳統蛋糕熱潮一樣。因此，當下我看財經雜誌都吹捧得很誇張，但是你之後再去看，很多投資界所謂的選股能力、基本面分析能力，感覺都很像笑話。

案例2》2013 年～ 2015 年的生技類股

美國的 iShare 那斯達克生技指數（簡稱 IBB 指數），從 2009 年 3 月 6 日最低點的 19.59 美元，漲到 2015 年 7 月 20 日最高點的 133.5965 美元，大漲了 582%（詳見圖 2），台灣當然也把握機會大炒特炒生技股。

圖1 網龍股價從519元一路探底，最低只剩19.9元
——網龍（3083）日線圖

註：統計時間 2009.03.27 ～ 2019.11.13　　資料來源：XQ 全球贏家

生技股中的製藥股有一個特性，就是在開發新藥時，很多獲利都是還沒出現的，結果因為沒有獲利，反而成了炒作的好標的。公司可以開始畫大餅，暗示市場有多大。例如：公司可以跳出來說，如果這個藥通過了審查，到時候每年可以賣多少錢又多少錢，授權出去又可以拿多少權利金，一種癌症可以用之後，還可以繼續研究用在別種癌症上等等。新藥的夢往往可以吹很大。然而，一旦夢碎，影響也很巨大，例如：台股中的基亞（3176）和浩鼎（4174）就是很好的例子。

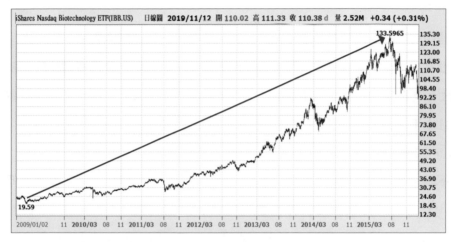

圖2 美國IBB指數從2009年低點起漲，6年狂飆582%
——IBB指數（IBB.US）日線圖

註：統計時間 2009.01.02 ～ 2016.01.19　　資料來源：XQ 全球贏家

標的1》基亞（3176）

2014 年 7 月 27 日晚上，基亞公告肝癌新藥未達預期療效，之後連續吞了 19 根跌停板，股價從消息公布前一個交易日（2014 年 7 月 25 日）的收盤價 437.5 元，暴跌來到 105.5 元（2014 年 8 月 22 日開盤價），跌幅 76%，市值也蒸發了 400 多億元。

新藥本來就是高風險產業，從第一階段到最後成功取得藥品許可證，成功率

不到 1 成，而癌症藥又是所有藥裡面成功率最低的，約只有 5% 左右，因此新藥開發最後失敗算是常態，成功才是少見的事件。

基亞的問題就出在為什麼基亞的肝癌藥還在第三期的臨床實驗而已，大家就已經當成一定會拿到藥品許可證在炒作股票了？很可能是公司持續釋放利多，加上公司高層也持續發表樂觀看法，以至於誤導了投資人。當時基亞的股價從 2014 年 3 月初的 200 元左右，漲到 6 月 16 日的高點 486 元。

不過，有趣的事情還在後頭，基亞連續吞了 19 根跌停板之後，股價最低來到 105.5 元，之後股價反彈也還有見到 204 元（2014 年 9 月 11 日盤中高點）。如果你賣在 204 元那麼受傷還算小了，因為後來基亞最低曾經跌到 24.4 元（2018 年 9 月 4 日盤中低點，詳見圖 3）。

標的2》浩鼎（4174）

有了 2014 年基亞的經驗，投資人學乖了嗎？好像沒有。浩鼎 2015 年 3 月 23 日上櫃後，股價從 2015 年 8 月 25 日最低價 250 元，漲到 2015 年 12 月 18 日最高點 755 元，不到 4 個月就上漲了 202%。2016 年 2 月，浩鼎傳出乳癌新藥解盲（編按：解盲是指透過資料蒐集與分析，判斷試驗對象是屬於實驗組或對照組）失敗，從公開資訊觀測站或新聞報導中都可以看出，內部人早在資訊公告前就大賣持股（詳見圖 4）。

圖3 基亞連吞19根跌停後，股價最低來到24.4元
—— 基亞（3176）日線圖

註：統計時間 2014.02.24～2019.11.13　　資料來源：XQ 全球贏家

　　那時候我聽同業說，這個乳癌新藥一定成功，我想公布結果時一定一堆人傻眼。我有印象，投信有人重壓製藥股，最後成也製藥、敗也製藥，重壓最多製藥股的基金，一個波段虧損可以高達 1 成。

　　不過，浩鼎的股價沒有跟基亞一樣，在公司公告資訊後就連續跌停，而是慢慢崩下來。公司說，不是藥的問題，是實驗方式的問題，大家好像也埋單了。只是隨著時間拉長，愈來愈多投資人不信，到現在浩鼎的股價連 150 元都沒

有（2019 年 11 月 13 日收盤價為 129 元）。此次事件以後，台灣投資人頓時對於生技股喪失了信心，一直到現在，製藥股的股價都還爬不太起來。

從浩鼎這個個案來看，投資人真的不能光聽公司的片面之言，製藥這種專業，不要說散戶不懂，投資法人恐怕多數也聽不太懂，只能全盤接收公司所有資訊。然而，業界客觀的統計數字還是擺在那裡，第三期的藥物成功率雖然不低，但是，也並非高達 8 成、9 成以上，而是只有 6 成左右。此外，這顆藥的價值也被過度誇大，就算最後解盲有過，也只是癌症後預防復發的輔助用藥，而非殺死癌細胞的標靶藥物，標靶藥才有價值。

浩鼎的每股盈餘（EPS）估算可以從爆表降到不到 3 元（數字不是我估的，也不是當下的市場中位數，是後來的新聞報導，算是馬後炮的預估）。這也是為何我老是強調「不懂的不要買」，像這種股票需要有醫藥的專業與充足的資訊才不會上當，不然以台灣這種資本市場的情況，小股東多半是受害者，股票追得高高的，公司大股東知道利空都先跑了，只有小股東最後整段下跌都吃到。

案例3》2018 年的被動元件

被動元件的炒作不是第一次了，我 2000 年就經歷過禾伸堂（3026）999元的天價，沒想到去年（2018 年）又來了一大波。

圖4 浩鼎解盲失敗，股價一路崩跌至最低118元
——浩鼎（4174）日線圖

註：統計時間 2015.03.23 ～ 2019.11.13　　資料來源：XQ 全球贏家

　　因為日韓廠商的退出，以及中國有環保法規等問題，所以被動元件低階產品的產能不夠，被動元件的價格因此大漲一波，漲幅高達好幾倍。雖然被動元件的低階產品很便宜，通常是論斤論兩賣，但是，電路板上沒有的話，整個產品就無法出貨。

　　可是我認為，被動元件的價格會漲上去，主要還是有幾個主力盤商在控制供需而炒作出來的。日本電子零件專業製造大廠村田製作所（Murata），看到那

個炒作價格，還是一樣沒有興趣擴廠到中低階產品，因為它們知道，那個價格是炒作出來的！這種低階產品以前就沒有利潤了，如果現在又被騙進來擴廠就傻了。

　　這波被動元件波動最劇烈的標的非國巨（2327）莫屬，公司股價從 2017 年 8 月 4 日的最低價 120 元開始，一路飆升到 2018 年 7 月 3 日的高點 1,310 元，不到 1 年的時間，漲幅高達 992%。最後國巨的股價就在董事長前妻申報賣股的當下戲劇性反轉了，之後股價一路下跌，10 月 30 日收盤價回到 298 元（詳見圖 5）。

　　馬後炮來看，7 月 10 日，董事長前妻以盤後鉅額交易方式，轉讓 1 萬 2,000 張國巨持股，以當天最低價 1,010 元計算，約套現 120 億元。前妻賣在了最高點，散戶不信邪沒賣的，或是去搶反彈的都死很慘。

　　我這邊在熱門股投資只是隨便舉幾個例子，這些例子其實每年都一大堆，也許不見得有上面幾個個案崩跌得慘烈，但是，每個也都可以讓你短期波段就虧到 30%、50%。從經驗上看，散戶追熱門股幾乎都沒有什麼好下場。如果散戶真的有興趣自己買股票，我建議，完全不要碰熱門股，愈是熱門的股票，資訊不對稱的情形愈嚴重，散戶又是資訊鏈的最末段，什麼好消息跟壞消息散戶都是最後一個得知。

圖5　國巨股價在2018年創1310元天價後開始崩跌
　——國巨（2327）日線圖

註：統計時間 2017.08.04～2019.03.14　　資料來源：XQ全球贏家

　　以我在法人的經驗，法人雖然資訊面落後於公司內部人與大股東，但是，至少還遠早於散戶。如果連法人玩熱門股都常常吃大虧，更何況是散戶。我建議，散戶用價值投資法從長期的角度買股，這樣至少可以把資訊上面的劣勢降到最低，或乾脆買 ETF（指數股票型基金），取得市場績效就足夠了。

4-4 利用槓桿開「外掛」 小心會提早從股市畢業

許多投資人喜歡開槓桿，像是期貨、選擇權等，甚至跑去玩地下期貨，目的是想要賺快錢。但是，常常快錢還沒賺到，反而把自己搞到破產。

當我還在電子業的時候，曾經遇過一位年輕的供應商業務，他跟我說，他有在玩權證。我跟他說，「權證風險很高！」但是，他卻回說，「玩權證波動大，才賺得快。」散戶似乎都只看到報酬率，卻沒有看到風險。

以個股權證來講，權證的波動是現股的好幾倍，賺的時候比現股多賺幾倍很棒，但是虧錢時也是多虧幾倍。除此之外，權證還有時間價值。當時間到期，如果你的權證還在價外（編按：指認購權證的履約價大於標的股股價或認售權證的履約價小於標的股股價）的時候，價值就歸零了。如果散戶連玩個股都勝率不高，玩權證勝率應該會降更低。

融資也是散戶在投資市場上主要的死因之一。一般而言，市場會把融資餘額

當成散戶指標，因為動用券商融資的成本很貴，每年利率可能高達 3% ～ 5% 以上。由於主力或大股東有其他更便宜的融資來源，根本不會考慮用融資，因此市場可以很清楚的把融資當成散戶的籌碼指標，而且這個指標還是準度很高的反指標。

融資是把兩面刃，漲時大賺但虧時會大賠

目前融資只需要自有資金 4 成，因此，你等於是開 2.5 倍槓桿，也就是你用 4 元去玩 10 元的東西。當你買的標的漲 10%，融資可以賺 25%，感覺真的也還滿好的。但是，同樣的，當你買的標的跌 10%，投資也虧掉 25% 了。再考慮融資的高成本，你的勝率又更大幅下降了。

為什麼一開槓桿，就會導致勝率大降呢？因為你開了槓桿之後，就很難用長期的角度操作，你無法熬過低點，這都大大降低你的長期勝率。在打敗指數已經非常困難的情況下，你的勝率還降低，根本就變成了穩輸的狀況。我看到的例子也差不多，散戶如果沒有搞槓桿，就算沒賺到股市的長期報酬率，也不至於虧掉太多本金，每次都會把本金虧光的，一定都是有搞槓桿。

我們可以用俄羅斯輪盤來形容。假設你的投資開了槓桿，賭博賠率就會很像俄羅斯輪盤。俄羅斯輪盤有一發子彈，1/6 的機率會爆頭，你朝自己開 1 槍，

如果沒死，你就賺 100%。然後你繼續玩，如果還是沒死就再賺 100%，最後一直玩到你爆頭。

　　這樣的邏輯推論非常合理，因為你玩俄羅斯輪盤時，一定想說我賺個 1 次、2 次就要跑了，我哪會那麼蠢一直玩下去。運氣再怎麼好，你大概也是 10 次內就爆頭了。可是，玩股票的人都不是這樣想，你有看過誰大賺一次就會收手嗎？賺了 10 萬元的人會想賺 100 萬元，賺了 100 萬元的人會想賺 1,000 萬元。最後就算你是世界首富，你還是會希望繼續把財富數字多加幾個零。

投資工具本身沒錯，是投資人當賭博玩了

　　人的貪婪是無窮無盡的，如果你不夠貪心，你一開始也不會開槓桿了。投機只要成功過一次，他就會想繼續玩下去，直到虧光才結束。我就有個朋友，10 年內玩融資，3 次虧光百萬元，我相信他未來還會繼續玩下去，因為人性就是貪。

　　以投資心理學來說，當人玩股票有賺過 1 次、2 次甜頭後，就會想繼續玩下去，想再體會那美好的滋味，即使後面一直虧錢，還是很難停止，某個程度上跟吸毒沒兩樣。戒毒很難，戒股票也很難。吸毒會吸到妻離子散，玩股票也常常要玩到破產。

期貨相對於權證來說是比較好的工具，沒有時間價值的問題，交易成本也比較低，但是槓桿倍數跟權證差不多。多數人玩期貨也是為了槓桿去玩的，因此玩期貨虧光的人也很多。期貨是個很好的工具，善用槓桿其實可以降低成本，還可以讓你多空操作，對沖風險。投資工具多數是中性，是玩的人有問題，把一個好好的投資工具搞成一個賭博工具了。

前面提到的是合法期貨，還有一些人因為心太大，跑去玩地下期貨。首先，地下期貨當然是非法的，不過，可能有人想說因為非法，所以也沒有期交稅，剛好再省一筆，加上合法期貨需要繳保證金，維持保證金不夠時就要補繳，不過地下期貨就比較沒有這個煩惱，它的保證金很低，甚至不用繳，因此又稱為「空中交易」。聽起來地下期貨還滿有競爭優勢。

不過凡事都有一體兩面，地下期貨因為沒有法律保障，所以有可能你大賺了，莊家付不起而跑路了，最後你一毛錢也拿不到。這還不是最慘的，最慘的是你虧錢了，如果你付不起的話，可能就會有黑衣人來找你。合法期貨虧錢的話，你還沒有生命安全的問題，大不了申請破產，從頭再來，但是地下期貨虧大錢，不小心可能會從人生 Online 登出，如果是這樣的話就太得不償失了。

地下期貨還有個問題。地下期貨公司是莊家，萬一你對是否成交或成交價格有疑慮，你敢跟它們辯嗎？如果你是在合法期貨公司下單，基本上就不太需要

擔心這種風險，交易出錯的機率非常低。而且在 2008 年以前，地下期貨是比一般市場單便宜，但是現在手續費比市場單貴很多，加上地下期貨要每天對帳、每天結算，光這一點你就麻煩死了。

因此，如果你想做期貨，千萬要找合法的期貨公司。如果你把期貨當賭博，那麼不管是玩合法期貨或非法期貨，最後一定會掛。提醒大家，做期貨也要有一定的知識門檻，我建議，散戶如果不懂，不要隨便就進入期貨市場。

杜絕不切實際的發財夢
才能離財富更近一步

4-5

還有許多人會跑去買樂透、胡亂創業等，結果發財夢沒做成，反而白花了許多錢。

我相信有很多人整天做著發財夢，想要靠著好運，一次就變有錢，現代社會讓你這個美夢有了成真的機會。根據統計，美國最低收入的族群花最多錢的地方，就是買樂透，導致每人每年平均浪費約 400 美元。此外，有高達 60% 美國千禧世代（Millennials）的年輕人，把退休存款的希望，都押注在中樂透上。

靠樂透發財難上加難，機率只有千萬分之 1

通常都是愈窮的人，愈會想買樂透。例如股神巴菲特（Warren Buffett）的資產就有逾 800 億美元（約合新台幣 2 兆 4,000 億元），你覺得他會去買樂透，然後希望自己可以中 1 億美元嗎？是不是覺得不太理性。但是，你的資產可能連新台幣 100 萬元都沒有，中 1 億美元這種事對你來講便非常有吸引力。有

可能你還沒中獎，就已經開始規畫你中了 1 億美元之後要幹什麼，光是這樣想你都會爽翻天。

但是你知道嗎？我這輩子沒有為自己買過樂透，只有一次有一位朋友要我買 1 張送他，我也就只有買過那一次而已。因為在學校我們都學過機率了，小樂透（42 選 6）中頭獎的機率幾乎只有 500 萬分之 1，甚至更低，現在大樂透、威力彩中頭獎的機率都只有 1,000 萬分之 1 ～ 2,000 萬分之 1。

如果你每天都買樂透，理論上平均 1 萬 3,698 年才會中一次頭獎（500 萬 ÷365），可惜你沒辦法活那麼久，不然你是有機會發財的。像我這麼理性的人就完全不會想去買樂透，與其買樂透，還不如多花點時間去研究股票。股票才是真正有機會成功，有機會賺大錢的工具。

以前我有好幾位同事每個星期都會買個 1 張、2 張樂透，1 張 50 元到 100 元，每年也要花掉 2,600 元到 1 萬 400 元，這也不算是小錢。儲蓄的積少成多就是每一筆小錢都要省，全部加起來就很可觀。你看我不喝咖啡、不買樂透，每年就比你多省下多少錢了。

買樂透花的還只是小錢，有些人是自己跑去胡亂創業。我沒有說創業不好，我身邊的朋友中，最有錢的幾位都是自己出來創業，或繼承家業當老闆。一般

上班族年薪就算高達 200 萬元、300 萬元，也是需要很長期的累積與投資，資產數才有機會摸到創業老闆的邊，因此，我還滿鼓勵有想法的人去創業。但是，請準備好再來，不要什麼都沒想好就一頭栽入，創業的成功率本來就不高，你準備不足就去創業，跟把錢丟進水裡沒有兩樣。

如果你創業可以用少少的本金就搞起來，那麼我是滿支持的。你創業失敗也沒有大損失，也許損失了點時間，搞得自己很累，但是，本金只損失一小部分，你還有機會靠剩餘資金再次創業，再搏翻身機會。但是，如果你的事業需要很大筆的投資，你一開始還得去借貸來經營，那麼這個風險就很高。創業失敗的後果需要你更長時間才有辦法恢復，這種創業我就比較不推薦。

別為逃避工作而創業，當老闆比當員工更難

當然我個人是偏保守，如果你真的看到機會，覺得勝率高、期望值也高，那麼也許真的可以衝衝看。很多創業的故事往往都是賭身家，不顧一切的做下去，最後才成為一個記者願意訪問、雜誌願意寫的題材。不過，我看過有些人是為了逃避上班工作而去創業。上班族時常在遇到挫折，遇到爛公司或爛主管時，更是常常會興起不如歸去的想法。但是，請不要把創業當成是對上班的逃避，如果你連當個上班族都當不好了，當老闆的難度更高，你不要幻想你當老闆就會成功。

　　很多人為了逃避上班，在自己還沒準備好的時候就跑去創業，這樣一來，除了創業成功率低之外，如果不小心失敗，你最後還是得回去上班。最可憐的是，因為創業而中斷了你的職涯，可能比沒辭職前的就業狀況還慘。

　　如果你打算認真創業的話，有很多東西都是你必須反覆思考的。對創業者而言，降低固定資產投資是非常重要的原則，可以提高你的勝率，也可以降低你創業失敗的損失。很多人往往一創業就眼光看太高、看太遠，什麼設備都買，還要買最新的、最好的，結果客戶跟收入都還沒進來，錢就先花了一大筆出去。

創業初期應穩紮穩打，即使失敗也是寶貴經驗

　　我會建議創業初期要穩紮穩打，當你看到有業績進來後，再慢慢去增加設備、增加人力，也就是讓你的收入可以支撐每個新增加的成本，只有當支出跟收入可以對稱時，才是穩健的經營。如果你一開始野心太大，想說什麼都要，又把業績目標想得太好，到頭來可能會落空，你的投資可能會很難回本。

　　創業成功之後，也會有許多問題。常常可以看到事業經營到回歸原點的，或是明明事業還不錯，結果老闆手上錢一多，腦筋太聰明，開始搞財務操作了，最後是業外事務拖垮本業。就算你可以繼續經營得不錯，想要維持經營成果也不容易。舉例來說，鴻海（2317）創辦人郭台銘，因為鴻海已經變成一家太

大的公司，營運好壞影響了太多家庭，他只好不退休，一直賣命幹下去（編按：郭台銘雖然辭去董事長職務，但是對公司決策仍然具有影響力）。

是我的話，我覺得賺錢如果不享用，它就只是一個數字。把企業經營好確實也造福非常多人，但是，我還是有點小自私，不想一輩子都那麼辛苦。就好像 2006 年 Google 買下 YouTube，假設你是 YouTube 的創辦人陳士駿，你賣不賣？現在 YouTube 估值高達 1,000 多億美元，2006 年時 Google 只花了 16 億 5,000 萬美元，如果不賣的話，市值幾乎增加了 59 倍。當然現在來看都是馬後炮，2006 年賣的當下，陳士駿馬上變成了億萬富翁，有多少人可以抗拒那個誘惑？

如果是你會怎麼選？如果是我，一定跟陳士駿一樣，選擇賣出 YouTube。因為對我而言，16 億 5,000 萬美元跟 1,000 多億美元的身價是一樣的，我會維持一樣的消費水準，不一樣的只有帳戶數字。反倒是，如果沒有賣出，後來又在產業競爭下泡沫化，那麼連億萬富翁都當不成，這種個案也不少。像是 2000 年網路泡沫，有多少網路公司竄出，泡沫破裂後還剩下多少公司？當時紅極一時的 Yahoo！已經廢了，目前主要就一家亞馬遜（Amazon）存活下來，並且稱霸了美國網路購物市場。

不過，如果上述案例從有錢人或創投的角度去思考，結果又會不一樣。對有

錢人來說，他們手上有很多資金，可以持有看好的每一家公司，直到所有投資都開花結果。假設他們手上有 10 家公司，最後只要有 1 家公司成功，也比 10 家都賣掉的公司賺錢。

　　如果用上面的 YouTube 來當例子，假設成功率 1/10，賣掉 10 家 YouTube 可以賺 165 億美元，但是，如果都不賣，只要 1 家成功就是 1,000 億美元。這也說明有錢人才有辦法享受分散投資的好處啊，窮人反而只能有退而求其次的機會，很難拉近跟有錢人的財富差距。

　　我還是滿鼓勵創業的，看到機會的人就應該踏出那一步，投資理財真的是得花很長的時間，才有辦法財務自由。如果你創業成功，可以更快達到財務自由，也可以讓你的財富達到一般人難以達到的水準；如果創業失敗，我相信那個經驗也非常寶貴，你可以把那些經驗用在你的工作上，更可以站在老闆立場想事情。當你的想法改變，就有可能變成老闆需要的人才。

　　寫到這裡，我已經將會造成大家口袋破洞的原因（消費失控、詐騙和不當投資）都談論過一遍了，也教大家可以用哪些方法來堵住破洞，相信大家只要照著我說的去做，錢就有辦法慢慢存起來，存款簿裡面的數字才會增加，大家也才有資金可以開始投資。而我也會從下一章開始，教導大家一些穩健的投資觀念。

Note

第5章

穩健投資與儲蓄

定期定額市場型ETF 取得與大盤同樣的績效

5-1

大家運用前幾章的技巧堵住財務漏洞後，就慢慢會存到一筆小錢，有筆小資產就可以開始做投資的配置。而接下來，我將介紹最適合散戶的被動式投資工具，與被動式投資策略。

為什麼我會推薦被動式投資而不是主動式投資呢？原因很簡單，我認為投資是靠天分的。意思就是說，你常常努力了老半天，花了很多時間研究股票，最後卻發現這樣做對增進你主動投資的功力一點幫助也沒有。就算你有進步，但是如果只是從輸大盤很多，進步到輸大盤一點，也沒有任何意義。任何人只要沒有辦法打敗大盤，就應該去做被動式投資、去買追蹤市場指數的 ETF（指數股票型基金），獲得至少等同於市場的績效。

我認識有天分的投資人，他們都是一開始就很厲害，我沒有見過有誰是慢慢進步而變得愈來愈厲害。因此，你如果把時間浪費在鑽研主動式投資上，我覺得你很可能是在浪費你的生命，你也在浪費時間的機會成本。你本來可以得到

市場績效賺到錢，結果你一直用自己的錢做實驗，績效一直輸指數，甚至把錢虧光。因此，我認為最適合散戶的投資方式就是被動式投資。

1998年，當我在大學念到《理財聖經》這本書時，作者黃培源的觀念是「隨便買、隨時買、不要賣」，這三點就是當時很前衛的被動式投資觀念。隨便買的意思是買一堆股票湊成類似指數的投資組合；隨時買是不擇時，不管指數高低點都一直買進；不要賣就是長抱股票，獲取投資股票的長期報酬率，也降低短期交易的成本。

這個方法就跟大家現在知道的被動式投資策略差不多了，不過那時候市場上缺乏被動式投資的工具，大家只能自己買一堆股票湊成接近指數的投資組合，不過，因為要買滿整個市場的多數個股來湊成指數，其實難度很高，所以一直到指數股票型基金（簡稱ETF）出現，才改善了這種情況。

ETF貼近指數交易費用又低，適合散戶投資

ETF是一種由投信公司發行，追蹤、模擬或複製標的指數的績效表現，在證券交易所上市的開放式基金。根據英國研究機構ETFGI的統計，截至2019年10月為止，全球69個交易所，有7,846檔ETF（含ETP）掛牌（對比台灣上市與上櫃公司為1,700家），而全球ETF／ETP（Exchange Traded

Product，交易所交易產品）的基金總規模，已經突破 5 兆 9,560 億美元的里程碑（對比台灣上市股票市值約新台幣 34 兆元，詳見圖 1）。2019 年 10 月淨流入達 508 億美元，2019 年以來（截至 2019 年 10 月）總計流入了 4,011 億美元，超過 2018 年整年的 3,791 億美元。

　　雖然 ETF 的名稱帶有基金兩字，但是它卻和股票一樣可以在集中市場上交易，而且 ETF 的管理費一般都在 0.5% 以下，保管費約 0.05% 以下，遠低於主動型公募基金的費用（一般股票型基金的管理費起碼要 1.5%，保管費約 0.15%；海外股票型基金的管理費有些更高達 2%，保管費為 0.25%）。此外，ETF 的交易稅只要 0.1%，比股票的 0.3% 還要低，是一種低成本的投資工具。另外，ETF 除了成本較低之外，還具有很多優勢：

優勢1》省時間

　　投資 ETF 可以讓你省下選股、研究股票的時間。時間成本也是高昂的成本，不要覺得你自己的時間不是錢。要知道每個人的人生都只有一次，你浪費了時間就是浪費了生命，你花再多錢也買不回來。

　　主動式投資的投資人每年需要花費大量時間在股票的研究上，搞被動式投資的投資人卻可以大幅減少這方面的時間。你可以把研究股票的時間，用在你的工作上，強化自己的專業能力，如此一來，就可能去獲得更高的業績，甚至讓

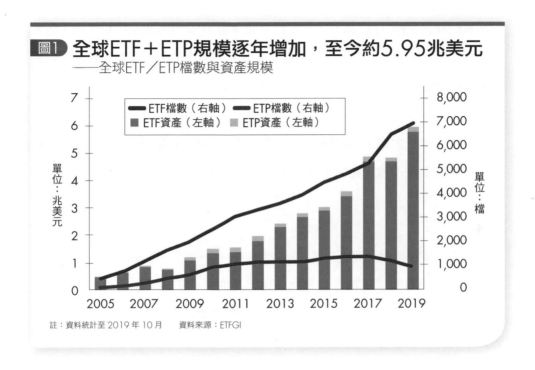

圖1 **全球ETF＋ETP規模逐年增加，至今約5.95兆美元**
——全球ETF／ETP檔數與資產規模

ETF檔數（右軸） ETP檔數（右軸）
ETF資產（左軸） ETP資產（左軸）

單位：兆美元

單位：檔

2005 2007 2009 2011 2013 2015 2017 2019

註：資料統計至 2019 年 10 月　　資料來源：ETFGI

你升官，領取更高薪水。而這省下來的巨額時間，用機會成本的角度來看就值很多錢。

優勢2》情緒不容易被影響

如果是你自己搞投資組合，個股持股隨便都會超過 5% 甚至 10%，只要持有的個股大漲或大跌，都很容易會影響到你的情緒。投資心理學說，「當你虧錢，那個負面情緒的強度是你賺同樣錢的 1 倍。」意思是說，當你虧 100 萬元時，

你不爽的程度是賺 100 萬元的爽度的 2 倍。就我多年的操作經驗來看，雖然不爽程度不太容易去精算到 2 倍，但是，我真的有感覺到，當你虧錢時，那個不爽的程度是高於賺同樣金額的錢的爽度。

就算你是投資大師，賺錢機率高，選股勝率高達 60%，你還是要面對高達 40% 的看錯機率。考量虧錢不爽的程度比贏錢的爽度要多很多，這樣整體算起來還是不爽的。

對價值投資或反向投資人來講，投資個股還有一個負面影響。反向操作常常是市場錯 3 個月後，只花 3 個星期就證明反向操作正確，也就是說，你買的股票可能熬 3 個月都沒漲，接著只花 3 個星期就大漲上去。時間上，你悶了 3 個月卻只爽 3 個星期，不太划算。

當然，這邊也只是舉例，實際上你也有可能悶更久，然後短時間內，市場證明你是對的，然而，多數時間你在熬、在等待。反倒是主流股投資人，常常可以馬上買、馬上賺，但是獲利模式剛好跟價值投資或反向投資倒過來，賺 3 個月後一個回檔，只需要 3 個星期就把前 3 個月賺的都虧回去。

但是，如果是投資 ETF 就不同了，多數時候你不需要為了看錯個股而傷腦筋，因為它已經是分散的投資組合，整體的波動度絕對比散戶重壓幾檔個股的波動

來得小，而且長期績效更好，投資人的情緒也比較不容易受到影響。

　　而且投資 ETF，投資人就不用傷腦筋選股問題、交易問題，只需要做好資產配置，大大降低了心理上的負擔。畢竟有時候投資不是死在投資能力不好，而是死在投資 EQ（情緒商數）的問題。選擇 ETF，大部分時間都不需要你做決策，也不會因為 EQ 不好而做了錯誤的投資決策。

全球 ETF 達 7846 檔，包含各種投資策略與配置

　　除了上述提到的好處之外，由於目前全球 ETF ／ ETP 數量已經非常多，高達 7,846 檔（截至 2019 年 10 月），你想得到的各種投資策略與配置也都可以找到對應的 ETF，投資更加輕鬆簡單。因此，你只要想好投資策略，配置在對應的 ETF 就可以。

　　以現有情況來說，ETF 主要集中在美國發行。根據 ETF.com 在 2019 年 10 月的統計，美國市場 ETF 的發行規模約 4 兆 1,500 億美元，約占全球 ETF 的 7 成，其中，前 5 大發行商就占 90% 的比重。最大的發行商為貝萊德（BlackRock），約占美國 ETF 市場的 40%；其次為美國先鋒集團（Vanguard），約占美國 ETF 市場的 25%；接著為道富集團（State Street），約占美國 ETF 市場的 17%，三者加起來已經占美國整體的 82%。

　　對於 ETF 來説，通常是大者恆大。由於大型 ETF 的費用比較低，流動性也更高，因此投資人大部分會持有這 3 家機構所發行的 ETF。也因為美國是最大的發行市場，所以很多台灣人都跑去美國券商開戶，開了之後就幾乎可以買到所有的 ETF，而且費用非常低廉。例如：投資美股最大 500 家公司的 SPDR 標準普爾 500 指數 ETF（美股代號 SPY），總管理費用只有 0.1%。

台灣 ETF 規模達 1.2 兆，不到 2 年成長 263%

　　在台灣方面，投信公司近幾年大力發行 ETF，2017 年年底，台灣 ETF 規模還在 3,500 億元，到了 2019 年 6 月，已經達 1 兆 2,700 億元，約成長 263%，規模用暴增來形容都不太夠。ETF 規模前 5 大的投信業者分別為，元大投信、國泰投信、群益投信、富邦投信與復華投信。其中，元大投信的 ETF 資產規模在 2019 年 6 月已經來到 4,309 億元，較 2018 年 12 月底的 3,335 億元，增加 29%，市占率為 33.9%，居市場之冠，其餘 4 家投信業者的 ETF 規模也都逾 1,000 億元。

　　對投資人來説，本土投信發行的 ETF 愈多，對台灣的投資人愈便利。本來需要開海外券商帳戶才能買到美國發行的 ETF，現在可以直接在台股中買進。當然，目前台灣發行的 ETF，費用與國外相比還是偏高。不過，我認為未來在市場競爭加大的情況下，國內投信所發行的 ETF，費用率應該有下降的空間。

　　至於該買台灣發行的 ETF，或是國外發行的 ETF，可以分幾個層面來考慮。首先，雖然台灣投信這幾年也發行了非常多的 ETF，但是，可能你還有其他的投資需求，還沒有辦法被滿足，無法在國內的投信找到你所想要的商品，或是你有稅務方面的需求，這樣就可以考慮開個海外帳戶。

　　其次，海外 ETF 的費用率很低，手續費也很便宜。大部分台灣人開的海外券商帳戶都是美國的券商，例如：第一證券（Firstrade）、盈透證券（Interactive Broker，簡稱 IB）、德美利證券（TD Ameritrade，簡稱 TD）。由於海外券商彼此之間的競爭很激烈，加上這些券商可以從其他來源賺取費用，因此，目前很多券商都免除股票交易手續費了，就算是還有收的券商，旗下也有很多 ETF 交易是免費的。如果國內與海外券商都有同樣商品，可以考慮挑海外的 ETF。

　　最後，也是最重要的一點，不同商品在國內與海外券商的稅率算法都不太一樣，例如：你在美國買美債 ETF，利息要扣稅 3 成，台灣買的海外債券 ETF，配息如果超過 100 萬元，才要納入最低稅負基本所得額申報。而且，如果你不是高所得，每年年收入 670 萬元以上，也不需適用最低稅負制。如此一來，就算台灣買的海外債券 ETF 費用比較高一點，因為有稅負優勢，所以在台灣買可能還比較划算。

　　至於應該挑哪檔 ETF 呢？我認為，如果你要被動式投資，就只能買追蹤市場

指數的市場型 ETF。例如：看好台灣就買元大台灣 50（0050）或富邦台 50
（006208）；看好美股就買績效複製 S&P 500 指數的 SPY；看好中國就買
追蹤上證指數、滬深指數的 ETF，當然也可以考慮最分散的 Vanguard 全世界
股票 ETF（美股代號 VT）。

　　一般來說，市場型 ETF 的績效約等同於指數。「績效等同於指數」這句話看
似平凡，但是要做到可難了。念過財務管理的人就知道，基金經理人要打敗指
數是非常難的。我自己操盤 9 年的實務經驗也再次驗證，這 9 年內長期打敗指
數的基金大概只有 2 成。既然如此，你能取得指數績效不就代表可以打敗 8 成
的基金經理人了嗎？

　　你不要因為想打敗市場而去買追蹤台灣電子指數、追蹤美國生技指數、能源
指數的 ETF，甚至是追蹤 Smart Beta 指數方面的 ETF，這些 ETF 都算是主動式
投資。想要打敗大盤指數的主動型 ETF，長期來講，不適合散戶，因為散戶沒
有能力在這麼多主動型的指數 ETF 裡，找出未來可以打敗市場指數的 ETF。也
是因為投資人想打敗指數，所以最後常常被市場打敗。舉例來說，能源市場熱
的時候買能源指數，當下是贏市場指數，但是等到能源熱潮一過，後面又輸給
市場指數了。

　　雖然我鼓勵大家去買追蹤市場指數的市場型 ETF，但是，如果你想要投資

元大台灣 50 的話，有一個大問題要留意，那就是台積電（2330）的占比過高，它的表現會大幅影響元大台灣 50 的績效。以前元大台灣 50 剛出來的時候，台積電的占比只有 17%，影響已經很大了，現在比重更是爆表，已經高達 38.42%（統計時間為 2019 年 11 月 14 日）。

　　當然台積電是一家好公司，有它在，元大台灣 50 這 10 多年來才會表現得這麼好。不過，目前被動式投資這麼熱門，台積電又在 10 年景氣的最高點，要我長期投資元大台灣 50，我的疑慮就會比以前大很多。

永豐臺灣加權波動相對低，更能分散投資風險

　　現階段投資人或許可以考慮永豐臺灣加權（006204），投資台股更廣的範圍，這檔 ETF 的目標是複製並追蹤加權指數的績效，而不像元大台灣 50，只買市值最大的前 50 檔股票。台積電目前在永豐臺灣加權的占比 16%，相比元大台灣 50 低很多。我會覺得現在買永豐臺灣加權，相對元大台灣 50 可以更分散持股，而且波動風險更低。

　　我的意思並不是說元大台灣 50 未來的報酬率會低於永豐臺灣加權，如果台積電表現好，元大台灣 50 因為持有更多台積電，績效當然也會更好，但是，這樣偏離了投資指數的用意。投資指數就是不希望某幾檔個股或類股的表現好

壞，大幅影響整體表現，現在台積電表現好，你當然覺得持有元大台灣 50 比永豐臺灣加權好，如果未來台積電下跌呢，到時你也會發現永豐臺灣加權的抗跌性比元大台灣 50 佳。

　　至於市場型 ETF 應該怎麼投資？方法很簡單，就是定期定額買市場指數，不管市場高低點就一直投資下去。千萬不要想去猜市場的高低點，反正你也猜不到，加上你想要得到的是 20 年、30 年後的總市場報酬績效，因此，定期定額買進就對了。定期定額其實已經內建了低買高賣功能，因為你定額，所以市場高點你會買少，市場低點你會買多。

　　不過，投資 ETF 時有一點大家要留意，那就是 ETF 如果用在槓桿與反向就不是一個好工具，因為成本比較高。槓桿型與反向型 ETF 也是用一堆衍生性金融商品拼湊出來的，等於是要花成本在上面，也有包含發行商額外的管理成本與費用，這樣算下來的成本，就會比投資人自己直接用其他工具投資來得高。因此，如果要做空或放大槓桿，我建議用期貨會更好，因為期貨的成本很低。

5-2 ETF出現過熱跡象 投資人可嘗試主動選股

雖然說，我認為 ETF（指數股票型基金）是非常好的工具，但是，當太多人追求同樣的投資方法時，會讓這個投資法過熱，也會帶來一些問題。

這幾年來大家都可以很明顯地感覺到，被動式操作的基金（例如：ETF、指數型基金）規模大增，主動式操作的基金規模下降。根據會計師事務所安永（Ernst & Young）2017 年度針對全球 ETF 的研究報告指出，2011 年以來，主動型基金的規模占整體基金市場的規模，從 86% 下降到 2016 年的 76%，被動型基金的市占率，從 14% 逐漸上升至 2016 年的 24%。預估到了明年（2020 年），主動型基金和被動型基金的差距會進一步縮小到 70% 比 30% 左右。

台灣、美國甚至全球都有這個現象，而且應該不只是股票有主動往被動的趨勢，其他投資商品，例如：債券等也是如此，主要原因在於被動型基金的長期績效勝過主動型基金。

　　而被動型基金的績效比較好的原因是，主動型基金的費用率太高，每年抽 1.5% ～ 2% 的管理費（以股票型基金為例），買賣周轉每年又增加了 1% ～ 2% 的交易成本，再加上積極選股時總是追主流、追高殺低，長期下來就很難打敗低成本、不亂追主流股的被動型基金了。當投資人都注意到這現象時，理性的追求更好的報酬率，資金自然會流往被動型基金。

大盤雖在高檔區，但仍有部分中小型股有吸引力

　　我在觀察美國市場時也有發現同樣的狀況，前幾年主動型基金在股市多頭持續的情況下，連續好幾年都輸給被動型基金，績效的差異造成資金持續從主動型基金移轉到被動型基金。當這個趨勢成型又會造成被動式投資強者恆強的正向強化現象。除了資金從主動型基金往被動型基金流之外，連原本的主動式操作也往被動式操作走了。

　　由於公募基金的績效有不能輸太多的壓力，因此，當被動式操作得到較好績效時，基金經理人就有壓力得往被動式操作的方向走（美股的主動型基金有往被動式操作走的現象，你參考其投資組合就可以知道，都是權值股的配置）。當資金往被動型基金流動，而且主動型基金往被動式操作，造成的現象就是權值股一直走強，因此又造成被動型基金績效更好，逼得更多資金跟基金往被動式操作，持續的正向循環。而且國外基金規模都很大，想不被動也很難。

就台灣而言，國內的主動型基金目前沒有被動式操作的傾向，都還是很積極的找主流股操作（一樣是去看投資組合就知道，雖然不少人因為台積電（2330）很強而配置了不少，但是，其他多數部位還是跟被動式投資差異很大），不過，主動型基金規模縮水、ETF 規模增加的狀況還是有的。

根據投信投顧公會的資料，在 5 年前（2014 年 10 月），國內股票型基金的規模有 2,301 億元，到 2019 年 10 月，國內股票型基金縮水到只剩 1,889 億元，指數股票型基金在同樣期間則是從 911 億元增加到 1,168 億元，預計這個趨勢還會繼續下去。

而且台股現在控盤的是外資，外資基本上已經是偏被動式操作，因此台股的盤勢其實也是權值股走強，非權值股走弱。我每天看盤，這幾年就有很明顯的感覺，在被動式操作成為主流的趨勢下，中小型價值股常常不太會動。當指數大漲時它們不太會漲、當指數大跌時它們也不太會跌。以往台股在 9,000 點以上時，我大概就很難找出便宜的股票，但是，現在即使大盤在萬點之上，還是有很多中小型股票，因為是非權值股，不受青睞，所以股價位置還在大盤約 8,000 點～ 9,000 點時的點位，非常有吸引力。

從這一點可以看出，市場愈是以被動式投資為主流時，市場的效率會愈下降，造成主動式投資人可以撈到更多價值股。那些不受青睞的小股票，因為股價低，

所以是相對低風險、高報酬的標的。因此，如果以我目前觀察到的現況來給建議，我反而會建議大家現在降低一點被動式操作（其實我前幾年是大力鼓吹被動式操作），此時採用偏主動式的操作，可以有較低的風險，跟較高的報酬率（當然，還是得有選股能力的人才做得到）。

被動式操作漸成趨勢，造成台股成交量萎縮

我相信市場流動性的降低也是被動式操作太熱門所造成的。以前台股在熱的時候，每天的成交額很容易上看 2,000 億元、3,000 億元，現在台灣加權股價報酬指數創新高，只有 1,200 億元～ 1,500 億元左右的量。

當大部分的資金都搞被動式操作，全部都依權重考量買進，就買最大的那幾十檔權值股，買進之後也沒有交易的需求，當然整個市場的成交量就下來了啊。而且，基於管理方便，被動投資人追蹤指數只要 80% ～ 90% 貼近指數，不見得需要 100% 貼近指數，因此投資人只要買前 10 ～ 30 大的權值股就足夠，買多了搞不好績效還下降，因為愈小的權值愈不受惠權值股效應。

如此一來，權值股會因為還有被動式操作的買賣，所以成交量比較大，而非權值股則因為被動式操作根本不會配置，所以成交量降低到不容易交易的程度。這一點又再進一步讓那些非權值股的股票，更沒有法人想要買，就更沒有

成交量。失去成交量之後，那些冷門股就會出現折價，小型價值股就會變得更便宜，然後就變成惡性循環，更沒有投資人想買（剛好跟權值股的正向循環相反）。

不過，要注意，目前股市是多頭，萬一轉空頭，被動式操作因為手上全部是權值股，到時候反向要賣出了，也會是賣那些權值股，而且那時的流動性會消失，因為所有基金跟 ETF 都是同樣那些持股，當它們的方向同時轉換時，流動性就會消失。

此外，從台股每日漲跌幅來看，其實也可以看出端倪。由於當時我操盤的基金所持有的股票幾乎是中小型價值股，因此，當大盤大跌時，我基金的跌幅常常會是大盤的一半不到，原本沒漲到的小型價值股在轉空時就很抗跌。當初沒人買，後面就沒人賣。沒漲到的東西就不會跌，市場很公平。

如果從價值投資的角度來看，籌碼面所造成的大型股、小型股股價失衡是不會長期下去的，但是，短期就很尷尬，因為當短期被動式操作的趨勢還在持續時，權值股會持續走強，小股票會持續走弱，貴的會更貴，便宜的會更便宜。此時趨勢操作就顯得很聰明，反向操作的價值投資會顯得很蠢。例如：2000年網路泡沫時，可以泡沫個 3 年、4 年，你撐得過 3 年、4 年嗎？當大家都追趨勢、賺趨勢財時，你反向操作不但會被當成蠢蛋，還會虧錢。

價值投資有時候不是難在選出價值股，那些股票都很便宜，從本益比（PE）、股價淨值比（PB）、殖利率的角度來看都很容易判斷，問題就出在這種不合理的趨勢何時會反轉。價值投資者必須要對自己的判斷有信心，並且堅持下去，只要可以撐過去，後續的低風險或高報酬就是你的。

其實，權值股大漲在歷史上已經出現過，像是美股在 1970 年時，曾經瘋迷權值股，大家認為藍籌股（就是大的權值股）就是最好的投資標的，大家稱那些藍籌股叫「漂亮 50（Nifty Fifty）」，可以無限的漲上去，可以永遠持有。但是，後來發現，這就是泡沫，而且很多當初的權值股，如今至少有 1／2 到 2／3，已經消失了，目前的被動式操作只不過是歷史重演。

前幾年的被動式操作績效很好，讓大家覺得，這就是最好而且可以永續的投資方式。但是投資是社會科學，是動態的，如果多數人都搞被動式操作，那麼優點就會被稀釋掉，缺點就會被放大，到時被動式操作就得經歷一段黑暗期，那時大家又會開始覺得被動式操作有問題，績效也沒有之前好，如此一來，後續的趨勢就又會往主動式操作方向移動。

我大概整理 3 個案例說明在被動式投資的影響下，權值股波動大於指數的案例。一個是參考去年（2018 年）年底的指數一殺，台股與美股最大權值：台積電與蘋果（美股代號 AAPL）其實殺得滿凶的。

台股從 1 萬 1,186.05 點（2018 年 8 月 30 日盤中高點）回檔到約 9,319.28 點（2019 年 1 月 4 日盤中低點），跌幅約 16.7%，但是，同時期台積電從 268 元回檔到 206.5 元，跌幅約 23%。美股 S&P 500 指數從高點 2,940.91 點（2018 年 9 月 21 日盤中高點）回檔到 2,346.58 點（2018 年 12 月 26 日盤中低點），跌幅 20%，但是，同時期蘋果從高點 221.36 美元回檔到 146.72 美元，跌幅約 34%。從這一波回檔可以看出，權值股跌幅明顯比指數大很多（上面都沒有算配息，只算波段高低點）。

第二個案例是今年（2019 年）。今年的走勢又剛好與去年相反。今年從年初低點開始往上走大多頭，台積電與蘋果的反彈都遠超過指數。今年以來，台股漲幅約 22%，台積電漲了 42%、美股漲幅約 25%，蘋果漲了 70%（以上包含配息，資料統計到 2019 年 11 月 15 日）。

當然台積電跟蘋果的基本面都有所變動，但是，我認為，對股價的主要影響還是資金面，台積電與蘋果的股價多數不是每股盈餘（EPS）變動所造成的，而是本益比變動所造成的。

第三個案例是台股有段區間很明顯感覺就是受到被動式投資的影響，權值股帶動指數上漲。我抓 2016 年 5 月 13 日到 2017 年 5 月 16 日的漲幅來說明。台積電、鴻海（2317）、大立光（3008）3 檔股票權重占了台股的 26%，

但是貢獻了台股近 50% 的漲幅。如果你沒有持有這 3 檔股票，大概就沒救了。這也是為什麼那時段，投信每檔基金都持有這 3 檔股票，因為投信有輸不起的壓力。再來，前十大權值股的權重約占 42%，但是卻貢獻了 61% 的漲幅（詳見表 1）。

　　從這些數據，我們可以看到，權值股對漲幅的貢獻超過權重，而且愈是大的權值股，漲幅貢獻超過權重的部分就愈大。前 3 大權重對漲幅的貢獻是 1：2（參考前 3 大權值股占永豐臺灣加權的權重 26%，漲幅貢獻 50%），前 10 大權重對漲幅貢獻是 1：1.5（參考前 10 大權值股占永豐臺灣加權的權重 42%，漲幅貢獻 61%），我們也可以推算，愈是權重小的個股，貢獻比重愈小，到後面那些小股票，就差不多沒什麼漲幅了，也就是我說的，大股票一直漲，小股票沒什麼漲。

　　如果搭配基本面與股價來判斷，我認為這是被動式資金的影響，不是基本面的影響。在這個效應下，被動式操作的資金扭曲了權值股的股價，因此，愈是利用價值型投資法選股的基金，持股的漲幅愈小，績效與指數比就會愈有落差。在多頭時會落後，在空頭時會抗跌。

　　參考過去的經驗，台灣的投信業以往在新募集某一種類基金時，大概就是那種基金的熱門高點，現在台灣的投信業也狂發 ETF，表示目前被動式投資很熱。

表1 台積電權重僅17.97%，但貢獻大盤漲幅逾28%
——權值股對指數漲幅的貢獻度大於應占權值的影響性

標的名稱與股號	股價漲幅（%）	權重（%）	個股對指數的影響（%）	個股的漲幅貢獻（%）
台積電（2330）	47.58	17.97	8.55	28.67
鴻　海（2317）	60.37	6.08	3.67	12.31
台塑化（6505）	33.73	3.52	1.19	3.98
中華電（2412）	-0.94	2.79	-0.03	-0.09
大立光（3008）	87.98	2.21	1.94	6.52
國泰金（2882）	53.52	2.14	1.15	3.84
台　塑（1301）	21.78	1.92	0.42	1.40
南　亞（1303）	25.73	1.91	0.49	1.65
台　化（1326）	14.67	1.78	0.26	0.88
富邦金（2881）	42.77	1.68	0.72	2.41
10檔加總	—	42.00	18.36	61.57
永豐臺灣加權（006204）	29.82	—	—	—
台積電（2330）	47.58	17.97	8.55	28.67
鴻　海（2317）	60.37	6.08	3.67	12.31
大立光（3008）	87.98	2.21	1.94	6.52
3檔加總	—	26.26	14.16	47.50

註：1. 權重是指個股占永豐臺灣加權的權重；2. 影響是指個股對永豐臺灣加權的影響，例如：永豐臺灣加權漲幅29.82%，台積電貢獻了8.55%；3. 漲幅貢獻是用影響除以永豐臺灣加權的漲幅，正常來講，台積電權重17.97%，對永豐臺灣加權的漲幅貢獻應該是17.97%，實際上卻貢獻了28.67%（8.55%÷29.82%）；4. 統計時間2016.05.13～2017.05.16；5. 權重統計時間為2017.05.17
資料來源：CMoney

當然，被動式投資的熱跟以前類股的熱是不同的，以前投信發行能源基金，你可以預期能源基金後面可能會往下，但是 ETF 種類繁多，效應不好評估。

當被動式資金轉向，效果會相反。有人說被動式資金不會亂跑（因為被動式投資就是不管指數漲跌，會一直持股下去，不會上漲就追多或加碼，也不會下跌就砍倉或減碼，所以被動式資金不會亂跑），這個理解是錯誤的，這些是主動型投資人在玩被動式工具，是假的被動。被動式工具跟被動式投資還是有差別，現在多數人其實是拿被動式工具在做主動式操作，而不是有心真的做被動式投資。

被動式操作占比提高，會降低市場效率性

同樣地，有人估算台股的被動式 ETF 規模只有 1,000 億元，相比台灣上市股票市值 34 兆元來講，比重不大，因此誤以為影響性不大。但是，不是只有 ETF、指數型基金才叫被動式投資，當多數人（尤其是主導台股的外資）都在追權值股時，這種行為跟被動式投資所造成的影響是一樣的。

愈是被動式操作占比提高時，市場效率性愈會被降低，而主動式投資愈是有用。然而，不管是主動式投資還是被動式投資所主導市場，或其他投資策略主導市場，使用價值投資的方式選股，長期永遠都不會退流行，因為只要你挑選

的是好股票、買進的價格又夠低，最後你的勝率就會很高。

從前面這些內容可以合理推論，以後被動式投資會占據很大的一個派別，但是主動式操作也會有其利基。我還是認為，被動式操作是一個不錯的投資法，只是當目前被動式操作成為主流時，從價值投資的角度來看，有能力選股的投資人去當非主流可能是更好的選擇，因為可以在台股上萬點時撈到一堆價格低的價值股。

5-3 不必自我設限 主動投資與被動投資並不衝突

　　我有注意到現在市場上，愈來愈多人懂得靠各種指數型基金，來組合成被動式的投資組合，如此一來，長期就可以獲得令人滿意，而且優於多數主動型基金的績效。但是，在我看來，很多信服被動式投資的人都有點中毒過深，過度被動了，因此損失了可以賺更多報酬率的絕佳機會。

　　況且，就好像 1 檔股票可以同時是價值股與成長股，也可以在某個階段是成長股，到了某個階段又變成價值股一樣，你其實也沒有必要硬把自己歸類為被動型投資人，或主動型投資人，你可以根據市場情況不同來進行操作上的調整。

　　事實上也是如此，被動型基金的購買者不一定僅限於被動式操作的投資人，主動式操作的投資人有時也會用得到此工具。像是我在操盤初期，也曾經買過元大台灣 50（0050），因為當你挑不到個股，但是又想短期快速補足持股時，買元大台灣 50 之類的 ETF 就很方便。又或者當你看空大盤，或想利用指數避險做空時，元大台灣 50 也是很方便的做空工具。如果說主動型投資人也會考

慮被動式操作，那麼為什麼被動型投資人不可以考慮主動式操作呢？而且 5-2 有提到，現在被動式投資太盛行，有過熱的危險，因此我建議大家，如果你有能力選股或是有興趣主動選股的話，不妨嘗試看看主動選股，説不定可以得到一些好處。

試試看，也許你就是第二個巴菲特

假如你看過很多投資理財書籍，有點小想法，我建議你可以在股市、債市或匯市小試身手，看看自己是否有能力打敗大盤或指數。雖然説你的操作績效要跟股神巴菲特（Warren Buffett）一樣厲害的機率非常低，但是機率也不是完全沒有，也許你能夠成為第二個巴菲特！而且就算輸給巴菲特，你可能也還是個很棒的投資人。

投資理財基本上要搞好，廣泛的閱讀還是少不了，雖然這會花不少的時間，但是，其實它的趣味性很高又可以長知識，如果真的因此讓你賺到錢，那更是兩全其美。假如你確實有自行操盤的能力，可是卻一輩子都在搞被動式投資，這樣不就埋沒天才了嗎？

就好像我當初念大學時也買過基金，當時還沒有指數型基金，只能去買主動型基金，把自己的錢交給投信玩，感覺賺虧都很慢（贖回時好像小虧一點）。

因為我也看了不少書，有點想法，就乾脆將基金全部贖回自己玩。自己玩可是刺激多了，愈玩也愈有心得。

　　之後念研究所時，因為有選修期貨與選擇權（簡稱期權）的課，就也去玩了一下期權，結果一下子就證明我不適合玩期權，因為我發現我找不出期權的獲利方法，所以就回來繼續乖乖玩股票。因此，我鼓勵大家可以多方嘗試，不要還沒開始行動就先自我設限。

主動式投資可增添樂趣

　　我覺得就算是以被動式操作為主的投資人，也可以放小部分資金來做主動式操作。就算自己操作的績效很鳥，也許可以從投資獲得很大的樂趣（其實虧錢大概得不到樂趣，但是賭本身確實很有趣啊）。

　　如果你這樣做的話，考量整體經濟與非經濟的利益，雖然錢有可能少賺，但是因為有投資來調劑生活，所以使得人生過得更開心也不錯！如果好死不死真的有點操盤能力，還可以慢慢的把主動式操作的部位放大，也許最後你會完全變成主動式投資人。

　　又或者是你試完主動式操作之後，發現自己完全沒有天分，變成完全被動式

操作的投資人也不錯。在這種情況下，變成被動式操作的投資人後，至少你可以有紀律的完全被動式操作而不會受到情緒影響，例如：不會在該調整投資組合時，又想投機賺更多或虧錢想硬拗，而沒有在該調整時調整。

主動式投資的好機會其實比想像多

根據我個人的投資經驗，你只要有一點基礎的投資常識，就會知道在景氣空頭，大家覺得世界末日時，就是股票低點（可以用各種數據判斷出股價便宜，例如本益比），你儘管去買股票就對了。

假如世界末日真的到了，有沒有買股票一樣都是死；假如沒有世界末日，那麼你就準備賺一大波了。歷史上多的是這種情況，2003 年 SARS 爆發時，你覺得是末日了，其實沒有；2008 年金融海嘯發生時你覺得是末日了，其實沒有；2010 年～ 2011 年歐債危機發生時，你覺得是歐盟的末日了，其實差很大。

在個股方面，我也常常發現台股有很多不錯的準套利機會，有購併題材的個股就幾乎每年有 1 檔、2 檔讓你玩套利，有些則是明顯可以看出類股中的落後補漲股，或某些是長期大趨勢中的落後補漲股，你花點時間去了解市場脈動，其實要找出這些機會並不難。每年只要抓到這種機會，操作一波、兩波，就有機會打敗指數。

當然這也不是說這種投資方式簡單到像一塊蛋糕（編按：a piece of cake，意指很容易的事情），但是，認真念點書加上多看看市場資訊，要能夠每年抓到一波、兩波的套利機會，我想是並不難的。

台灣市場中仍有不錯的基金經理人

台灣市場似乎真的比較難找到優秀的基金經理人，原因可能是投資產業的待遇太差。試想，優秀的經理人自己可以每年賺 500 萬元以上時，他需要做一份每年賺不到 200 萬元的工作嗎？在投資界有份工作確實有可能增加一些資源與資訊，但是在台灣，只要你是大戶，你去向上市櫃公司與券商要資源跟資訊，其實並不難。

從我的角度來看，台灣市場我還是可以挑到幾個不錯的基金經理人。如果讓我從指數型基金跟優秀的經理人選擇，我可能還是願意投資這些人（指優秀的基金經理人）多一點。國外市場的優秀價值基金比較多，要挑到好的經理人應該比較有方向，例如：如果我操盤全球型基金，我就會考慮去買巴菲特的波克夏・海瑟威（美股代號 BRK.A）。

前面說了那麼多也不知道你有沒有聽進去，但是我認為，投資人最終還是要尋求財務自由。因此，我建議大家在接觸與學習更多投資理財後，可以勇於嘗

試、積極操作，也許你真的是下個明星操盤人（不過還是潑個冷水，我看到的經驗是機率低於 1%）。即使最後發現，你不是一位優秀的操盤人，但是經歷過自己亂玩之後，了解主動式操作的難度，知道主動式操作要打敗指數有多難後，可以更堅定的當個被動式操作的投資人，這樣其實也非常好。

最糟糕的是一堆死散戶（我就認識一堆這種人，恕我用張國志老師的口氣講話），一直是在聽消息亂玩，永遠在追高殺低。每隔一陣子就跟我說之前又虧掉多少，卻還是沒辦法戒除把投資當賭博的行為，轉回正確的理財道路。

像是我的一位電子業前同事，因為都在亂玩股票、亂投資，我對他已經規勸到底了，但是他這 10 年下來還是不願意改掉死散戶的玩法。我每次都會損他說，你如果投資我的基金而不是自己亂玩的話，已經不知道賺多少了，我很好奇他這輩子是不是沒救了。

5-4 如果沒有選股能力不要存股

　　我鼓勵大家在被動式投資過熱時,可以嘗試主動選股,我也要提醒大家,如果你沒有主動選股的能力就不要存股。大概是「存股」一詞最近被媒體廣為宣傳,有一位同學跑來問我,「某某股票可不可以當成存股票標的?」他說的這檔標的是我當時操盤基金的其中 1 檔持股,我不確定他是因為我的基金有買才想買,還是剛好選到一樣的標的。我告訴他,「沒有選股能力的人不要存股。」

　　存股票大致想法是主動式的選股但被動式的交易,選定幾檔績優股後,被動式的一直買進績優個股,不管短期波動,有點類似定期定額買法,不過,標的就只有少數幾檔個股。我覺得存股這一招遲早會出現問題,因為股市是動態的,你無法保證現在的好股票,以後是否還是好股票。況且,如果你有能力選股,那你就一定有能力可以長期打敗指數,那為何還要不管價格好壞地選擇存股?低買高賣不是賺更多?

　　以我在台股 19 年的經驗來說,很少有標的可以存股超過 5 年,即使是 19

年後的現在，這 19 年的數據都已經出來了，都很難回過頭去找出適合的存股標的，更何況是要你現在去存未來 5 年～ 10 年的股票。

以前聽過一些存股標的，例如：中鋼（2002）、鴻海（2317）、華碩（2357）、宏達電（2498），很多人現在都存到掛了（當然也不見得是虧錢，但是績效可能會落後指數很多）。台積電（2330）是最近幾年才有人提，之前真的很少聽說過有人存台積電。市場熱的時候，大家都玩小型股，小型股才會漲啊，以前在大多頭時買台積電一點都不刺激。2011 年，我買了台積電，當時股價約 60 元，我印象很深刻，全投信沒多少人有，公司同事還剛剛才賣光台積電，現在台積電已經 300 多元了，倒是幾乎投信所有基金都有了，這些人真的懂台積電嗎？

另外，2016 年、2017 年，電子股大多頭時，從現在的角度來看，那時候存金融股最對，但是，真的有多少人是從那時候就開始存金融股的？除了很難找到可以長期持有的股票之外，存股還有幾個問題點：

問題1》個股基本面的判斷非常困難

我很少看過散戶有個股基本面資訊的判斷能力，其實不要說散戶了，在投資界，我看過且稱得上是有個股判斷力的人也不多，多數是看漲說漲，看跌說跌，

有可能業界有判斷力的人不比散戶多。假如你現在看到這句話，心裡回說，「對啊！別人都不研究，但是我懂啊！」我跟你保證，你 99% 是自以為懂。不信？我舉個例子給你聽聽。電信股龍頭中華電（2412），從 2010 年起漲，一直漲到 2011 年年中，評價從原本的 10 倍本益比，漲到 20 倍以上（詳見圖 1）。

　　中華電的股價會上漲，主要原因是在「低利率」與「未來不確定性高」的環境下，公用事業股被當成抗通膨的好標的，但是沒有幾個人可以跟我講出這個上漲的真正主因。電信股就是因為這個題材所以才大漲，漲勢跟基本面變化沒有任何關係，不是獲利成長所帶動，也不是指數上漲所帶動，而是評價提升所帶動。但是散戶會講，中華電是因為基本面很穩、配息很好，是一家好公司，所以股價才會漲，可是這根本就完全搞錯上漲的原因。

　　而且，實際上電信股的風險比你想像中的大超多。雖然電信業是壟斷產業，而且每個月的營收穩定，但是，它被政府所控管，有可能會被強迫降價。不僅如此，一旦出現一些通訊革命，原本的主要獲利來源可能瞬間完蛋，例如：原本通訊獲利來源——簡訊費，在進入智慧型手機的年代後就迅速萎縮，現在大家幾乎都不傳簡訊了，而是用通訊 App（例如 Line）直接傳訊息、現在也不打電話了，而是直接用 Line 的 App 通話，也就收不到用戶的通話費了。

　　中華電那些年的獲利可能也因此下跌，2012 年的獲利比 2011 年縮水了

圖1 中華電在2010年起漲，股價最高來到111元
——中華電（2412）日線圖

註：統計時間 2010.01.04 ～ 2011.11.30　　資料來源：XQ 全球贏家

15.29%，2013 年的獲利還在繼續往下掉，直到 2014 年才觸底，這是哪門子穩定獲利（詳見表 1）？散戶是因為不懂才會以為它很安全吧？

　　每次我聽到散戶跟我講基本面，大多都是引述媒體的資訊跟結論居多，幾乎沒人有能力判斷資訊的對錯，或是市場上的利多、利空消息，對該公司財務報表的影響性，甚至是對有關公司競爭力的「五力分析」也沒有概念。誇張點的散戶可能連公司是賣什麼產品都不太清楚，衝著媒體上面的一個利多就想買。

之前有一件事情也很誇張，媒體報導 A 公司有大利多會出現，結果名字類似的 a 公司，股價居然也大漲。散戶居然會看到 A 公司的大利多，買到名字類似的 a 公司，真的是有夠扯。

我覺得這種純粹憑感覺下去挑選標的的方式，比較適合用來談戀愛，不要用這個方法挑股票。行為經濟學跟投資相關的心理學都證明，依照人類的直覺與本性投資，通常都會大失敗。反直覺跟違反人性的投資法，像是價值投資、反向操作，反而比較會成功。

問題2》股票的投資配置應該是投資組合

如果你只有存 1 檔、2 檔股票，那麼就算你很懂基本面，也是冒了超大的波動風險。我的投資經驗告訴我，就算是你以為低風險的個股，風險也絕對比你想得要高。你把存股當成低風險，最後只會證明你根本就在狀況外。

就是因為個股的投資風險太大，所以投資股票一定要搞成投資組合，才能分散風險。當然投資組合也不只是分散風險的好處，個股間操作上也比較方便（因為教大家主動投資不是本書用意，這邊就不多提投資組合管理了）。萬一你存股的標的有台塑集團、中鋼等景氣循環股，再加上景氣在走長期下坡的股票，那報酬率可能會好一陣子不太好看，大幅落後指數（我舉這些個股當例子，是

表1 中華電業績起伏不定，好幾年獲利出現衰退
——中華電（2412）2011年～2018年獲利表現

年度	營業收入（億元）	營業毛利（億元）	營業利益（億元）	業外損益（億元）	稅後淨利（億元）	稅後淨利年增率（%）
2011	2,175	860	551	16.10	471	N/A
2012	2,201	790	489	-0.17	399	-15.29
2013	2,280	807	477	14.30	397	-0.50
2014	2,266	782	448	17.60	386	-2.77
2015	2,318	837	504	16.10	428	10.88
2016	2,300	824	481	12.80	401	-6.31
2017	2,275	807	467	12.90	389	-2.99
2018	2,155	759	436	13.40	355	-8.74

資料來源：Goodinfo！台灣股市資訊網

因為這些股票在前幾年都被認為是值得長期投資的績優股，沒想到才過幾年，目前看來獲利都已經轉差，同時媒體也不推薦了），投資報酬率還不如買指數型基金或採被動式操作來得高。

問題3》就算看好的股票也不表示低風險

我在投信待了9年，我的績效也不錯，加上我是偏穩健的價值投資派，照理說，我看好的股票應該很穩健的對吧？但是，實際上我看好的前幾大持股，

常常會漲輸持股比較少的股票，我也常常踩到雷。難道說我買的時候沒有信心嗎？當然有，但是結果還是常常不如我的預期，這行再怎麼厲害，選 10 檔股票看錯 3 檔～ 4 檔是很正常的事。

　　投資個股的變數太多，玩愈久就愈覺得個股投資風險高，分散投資部位絕對有必要。股神巴菲特（Warren Buffett）雖然號稱集中投資，但是你仔細研究會發現，他投資的部位還是會有很多檔股票分散，最大持股也占比約 20% 以下，單壓 1 檔、2 檔的風險真的太大了。

　　另外，我之前操作的基金，其持股裡面，有幾檔股票的持有時間較長，但是概估下來，平均也是持有 1 年～ 3 年而已。雖然我也認為，我的持股相對其他台股已經比較穩定了，但是操作上，為了追求最大報酬、最低風險，還是不容易採用長期持有的操作，而且完全不賣。因此，如果你有信任的經理人，我會建議你直接去買他操盤的基金，而不是去挑他的前幾大持股來投資，你去買他的持股想要打敗他的績效，你覺得機率高嗎？

問題4》台灣股票內線交易程度超乎你的想像

　　股票玩久了的業內人士都會有一個感覺，常常會被公司弄到你怎麼玩都玩不贏大股東。大部分的個股，長期投資都是慘敗。很多大股東，本業不認真經營，

專搞業外投資。不過，這也不能完全怪他們，畢竟當你業內很辛苦的管理，卻還是很難賺到錢，但是隨便炒炒股票、賺賺內線，就可以有 30% 的獲利，你要玩哪一個？台灣司法在這方面的管理又不嚴，到目前也沒有幾家公司的老闆因為內線而被抓，最後真的判刑確定、被抓進去關的。

就我的經驗，從市場效率性來看就知道，這檔個股的內線交易情況嚴不嚴重。當市場太有效率，無論是利多或利空消息發布以後，股價都不太動就表示內線早就提早反映了。多數個股常常是你還在狀況外時，就突然大漲或大跌一個波段，等到利多或利空消息發布時，你才豁然開朗。此時再回頭看看起漲點或起跌點，你會發現原來內線起碼早你 3 個月就知道重大消息了。

因此，就算你有聽到內線，也得注意你到底是第幾層的內線，通常等到你聽到的時候內線都已經變成外線了。看看股價漲幅就知道了，當你聽到消息，股價也在半山腰時，表示你現在買，只是去幫更內線的抬轎。想要賺錢的話，就必須要有比你更蠢、更晚聽到內線的人幫你撐盤，這樣玩下去，到最後就變成是「最後一隻老鼠」的遊戲了。

我個人是很討厭這種內線交易，因此，我就不去玩我的資訊會處在劣勢的公司。最後我乾脆都玩大公司、好懂的、穩定的產業與公司，例如：民生消費產業的龍頭，這樣只需要每天看報紙或自己去消費就很好追蹤，然後我再看長期

趨勢買進，用比較大的買進折價來降低風險。對我來說買這樣的公司，至少被弄的機率會比較低一點。

問題5》長期投資標的難尋

台股的市值有一半是電子業，電子業的業績波動大這一點大家都知道，我就不多講了。巴菲特也不偏好科技業（電子業在美國多稱科技業，兩者內容雖有差異，但股價走勢大致雷同，故將兩者放在一起比較），因為科技業常常會有1季、2季的基本面變化超大。

看看手機大廠宏達電、股王大立光（3008）就知道。宏達電可以在1年、2年內每股獲利預估值，從140元下修到20元不到、大立光的單季每股獲利，可以從原本預估的10元，翻倍變20元，甚至現在大立光已經是每季可以賺50元以上了。宏碁（2353）也是值得參考的個案，它之前也被當成穩定獲利的PC品牌好公司，不過，你現在應該知道，長期投資它其實風險很高了吧。公司過去每年的獲利都穩定成長，結果近幾年變虧損。

傳產股呢？很多傳產股都是原物料屬性，或景氣循環屬性，風險與波動其實也是很高。景氣循環可能會一次好個幾年，不過，如果你存股的時間是10年～20年，你起碼還是會遇到3次～5次波段是很慘的景氣低點。而且我保證，

你在低點不會想買，都是在景氣好的時候才會開始想存那種股票，因此，你長期的勝率非常低。一開始就買在高點，必須攤平很多年才會有機會彌補第一次買在高點所犯的錯。

我常常看到很多報章雜誌在寫類似投資「穩定成長」的股票，或用簡單的方法選股，幾年賺了多少報酬率，但是，那些全部是用馬後炮選股才選得出來。不信？你把 10 年內的類似文章都看過一遍，用現在的股價回算，你就知道好股票，就算是穩定的標的，也幾乎是每年的看法都不一樣。雜誌每年推薦給你的好股票、穩定標的都不一樣，這樣算是哪門子穩定？

既然沒有哪檔股票的表現是長年穩定，那麼哪有標的可以讓你長期投資？或許有人會說，巴菲特喜歡買進股票長期投資，那是因為美股有很多長期品牌（編按：意指該品牌存在很久）的投資標的，例如：可口可樂、Nike、麥當勞、寶僑（P&G）等，然而就台股而言，不容易找到這類股票。

不是說台股比較差，只是台灣的上市股票很少像美股一樣，有這種長期穩定成長的消費型企業，除非你想存美股，那可能還找得到一些獲利穩定的好公司，台股就算了。而且，就算你買美股也難保你不會買到像是惠普（HP）、戴爾（Dell）等公司。這兩家公司雖然是 PC 產業的龍頭，當 PC 產業還在成長時，看起來還不錯，但是，當 PC 產業成熟後，獲利就會受市場競爭的影響而持續

下滑，股價可能就會長期持續往下走。

我的經驗就是，個股風險遠比大家想得高（這邊指的是單壓個股，如果是長期分散投資，風險沒你想得高），因此，你要不就是採取被動式操作，例如：購買追蹤市場指數的 ETF（指數股票型基金）來分散風險，要不就是靠選股與交易能力來賺錢，但前提是你要有選股能力。

此外，還有一點很重要，那就是對於投資個股來說，沒有簡單的方法。我看過雜誌提到的選股方法，不管簡不簡單，我都認為是錯的。雜誌喜歡寫這種東西，只是因為寫這種內容，雜誌會比較好賣。

況且，如果你真的可以挑到長期存股的標的，你的選股能力一定不錯！我稍微可以自稱有選股能力，但是，目前我挑不到台股可以放心存股的標的，我寧願叫你去存元大台灣 50（0050），或是挑 1 檔比較好的基金！

問題6》不論股價高低都買，會提高風險

除了我前面講的幾點之外，存股還有一個問題。許多投資人認為，存股就可以不用管價格的高低，可以定期定額買，這是錯誤的觀念。個股不能不管股價就定期定額買！因為從股票的角度來看，同一家公司不一樣的價格，就等於是

不同東西了，而個股的價格波動太大，如果不管價格高低全部都買，是會出問題的。

　　以玉山金（2884）為例，股價從今年（2019年）年初到現在11月，漲了50%左右（含除權與配息），你覺得年初存玉山金，跟現在存玉山金是一樣的嗎？不一樣吧！

　　不僅如此，如果從長期買股的角度來看，假設某家公司，本來的EPS是1元、股價是15元、本益比為15倍，3年後EPS提升到1.5元，股價是25元，本益比約17倍。這種以獲利帶動股價提升的標的，你一直買下去看起來是OK。但是，短期大漲只是漲評價，獲利沒跟上，這樣股價的上漲就比較虛，後面回檔的話，一旦沒有獲利支撐就很容易跌回去。

　　如果某公司本來EPS是1元、股價是15元、本益比是15倍，3年後提升到EPS是1.5元、股價是45元、本益比變30倍。這種公司確實還是不錯，但是評價也貴了不少。

　　基本上，定期定額買個股在價格這邊，是會違反價值投資邏輯的。當你買的東西愈來愈貴（這裡的貴是指本益比，不是股價）時，從價值投資的邏輯來看，你應該愈買愈少，甚至停手不買。因為對於投資來說，價格非常重要，好公司

買到爛價格，你有可能會虧錢；反之，就算你買爛公司但買在很漂亮的低價，你賺錢機率反而高。因此，如果是我的話，當股票太貴的時候我會減碼。我不像同業會去買好公司，我喜歡買好股票（編按：指股價比較有吸引力的公司）。

問題7》存股標的都是聽達人建議，並非自己挖掘

如果你是聽著市面上的理財達人說要存股，例如說存金融股，結果下波景氣下滑或是再次金融海嘯，金融股又首當其衝，出現明顯跌幅，這時候市面上存股的老師那麼多，每個人的講法都不相同，有人覺得金融股不能存了，有人堅持說要度過低潮、要繼續存下去，你該怎麼辦？丟骰子決定是要賣還是要繼續存嗎？一開始的標的都不是你選的，你後續就不會知道怎麼處理股票。現在股市一路往上，景氣也算是在高檔，你買錯股票就是賺多賺少的問題，但是，如果指數開始往下，買錯股票可能會讓你損失不少心血。

再來，10 年前也很少聽見「存股」的說法，目前市面上的存股達人有經歷過幾個景氣循環？可以跟你證明這個方法可以在 20 年～ 30 年以上，經歷不同的波動還可以存活嗎？現在有效的方法不表示未來也有效。我聽過的存股方法與存股標的，我也不認為是個好方法、好標的。因此，如果你喜歡這個邏輯，也沒有被我說服，我建議你小小嘗試就好，放小部位在存股，等到這波景氣下去再上來，你的存股還沒有出問題，再考慮多配置一些。

最後提一下，近期大家最喜歡存的金融股。許多人都覺得存金融股很安全，但是，我覺得金融業的風險沒你想得低，你覺得風險低根本是無知。

我從 2009 年開始操盤基金，就是大部位買進金融股，比重從 30% 到 50% 都有！因此我肯定最能理解大家想存金融股的原因，不外乎金融股評價比較低、金融股配息率比較高、金融股的業績比較穩定、金融股是社會大眾都會需要的一個重要產業，以後也不太可能會消失，公股行庫一定不會倒等。既然金融股這麼好，那存金融股不就好棒棒？

不過，請各位冷靜想想，存金融股是何時開始熱的？是不是在這 1 年、2 年間？2009 年到 2019 年這 10 年，算是個大多頭，因此某一套策略在這 10 年很有用，並不表示未來也會很有用。如果這 10 年你買了某某股，抱了 10 年，賺了 100%，聽起來還不錯，但是你忽略了機會成本。同樣的情況，你去買元大台灣 50（0050），你可以賺 200%。這時候你還會覺得買某某股好棒棒嗎？這是機會成本的觀念。拿 2009 年 9 月 1 日～ 2019 年 10 月 25 日這段期間來看，元大台灣 50 漲了 151%，台灣金融指數約漲了 130%。既然同一時期，金融指數的漲幅輸給元大台灣 50，那為什麼不存元大台灣 50 就好呢？

再來，我也相信官股銀行不會倒。不過，官股銀行不會倒，跟買官股股票不會大虧錢，根本就是兩碼子的事。你是買股票，不是買銀行債券，當發生金融

海嘯或景氣惡化，讓銀行業、壽險業大虧錢時，最後政府為了維持金融秩序，一定會出手支撐金融股，但是，那個方法是，政府增資入股。

　　假設你擁有的官股金控股，現在股價 20 元，如果大盤的價位只剩一半，例如從 1 萬點變成 5,000 點後，可能官股金控股的股價只剩 10 元，甚至更低，這時候銀行業或壽險業會因為虧損太多而出現資本不足的問題，所以需要大增資，那麼股價肯定在這波恐慌下，再大殺一波，殺完股價可能只剩 5 元。在政府增資入股後，你的持股又被官股稀釋掉很多。

銀行雖然不會倒，但存金融股風險其實很高

　　雖然說銀行確實不會倒，但是，這一整波下來，你大概虧到只剩原本的 10% ～ 30%。你的資金如果虧到剩下 1 成、2 成，那跟虧光也沒差很多了；你虧到剩 3 成，你也是笑不出來了。上一波金融海嘯，美國金融股就是這樣，台灣有些銀行也差點變成這樣，例如：台新金（2887）、新光金（2888）。你不要說下一波金融海嘯一定不會發生，我可沒這個信心。你可以用不會倒這點來買債，但是用這點來買股，顯示你對股票根本沒什麼概念。

　　除此之外，存金融股的人還犯了持股沒分散的大忌。存金融股的人既然自以為很安全，還會去買債券分散嗎？不會！全部資產都壓在金融股，不覺得這樣

賭很大嗎？存金融股的現金股利也不是掛保證，你今年市值 1,000 萬元的金融股，配 50 萬元現金回來，當景氣一往下，銀行馬上可能就配不出現金了。近期就有很明顯的案例了，例如：國泰金（2882）、富邦金（2881）等金融股，去年（2018 年）投資部位大虧，就影響到今年（2019 年）的配息。

然後居然有人存股還開槓桿。他們心想，反正金融股配息 5%，借錢只要 3%，來回還賺 2 個百分點！散戶真是聰明，那萬一景氣崩盤，股價對折，公司配不出利息的時候，你覺得銀行會跟你說，3% 利息可以幫你減免？不可能！你欠的債還在，你欠的利息不可以遲，你死定了啊！散戶就是往往這麼神操作，不搞死自己不罷休。

然後有些存股個案感覺很棒，但是我看下來發現，即使那個人不用存股，存錢也有差不多的績效。假設存股累積到 1,000 萬元，他沒存股光存錢應該也達到 700 萬元，只是剛好碰到 10 年大多頭，他有投資股票罷了！你應該學習的是人家存錢的功力，存股那塊沒存到股票掛掉，都只是運氣好！更何況官股金融股真的那麼安穩嗎？以前做 DRAM、面板的那些公司，官股銀行在裡面占的比重都超大，因為得負責扶持產業，尤其是國家政策所支持的產業。聽說近期的南向政策、離岸風電，又全部是官股銀行埋單，偶爾有什麼聯貸案違約爆發，官股銀行一定也都有「中獎」。這樣你還覺得投資官股金融股很安全嗎？

想要快速累積財富 先把本金養大再說

5-5

很多人都被灌輸了被動收入的美夢，希望有一天，可以靠著投資領取現金股息，就超過正常上班族的薪水，股神巴菲特（Warren Buffett）的資產超過 800 億美元，如果買美國公債，利率 2%，光是利息也有 16 億美元。同樣的算法，拿 16 億美元買美國公債，利息也有 3,200 萬美元。再用同樣的算法，3,200 萬美元的 2%，利息是 64 萬美元。也就是說，巴菲特光是資產的利息的利息的利息，可能就超過你的退休金總額了，被動收入超強，但是，那是因為他的本金超大，才連帶使得被動收入也大。

複利效果也是大家的夢想，將 100 萬元的資產投入到報酬率 10% 的商品，經過 20 年的複利效果，會成長為 672 萬元。經過第 2 個 20 年，會成長為 4,525 萬元。這樣算下來，等於第 1 個 20 年賺了 572 萬元，第 2 個 20 年賺了 3,853 萬元（4,525 萬元－672 萬元）。雖然複利的效果很可觀，但是實務上，對大家而言，難的是把錢存起來，而且從目前的角度看未來的投資報酬率，也很可能不如預期。

如果大家退休的目標是資產累積到 1,500 萬元，我猜大家會希望是自己存 500 萬元，然後靠投資賺到 1,000 萬元，但是，這可能跟實際情形相反。就現實層面來說，這 1,500 萬元裡面，應該是你存 1,000 萬元，然後剩下的 500 萬元靠投資賺來。因為我預期未來 30 年，一個穩健配置的投資組合的整體投資報酬率，可能每年只有 3% ～ 5%，在這種情況下，存錢對資產增加的幫助就比投資高很多。投資就是讓錢滾錢，為了要讓錢滾錢發揮威力，你要有很多的本金，要有很多的本金就得先存錢！

只要少花錢，就可以多存錢

基本上，少花錢就可以多存錢，因此，你應該把重點放在少花錢上面，去想方法少花錢。當然多賺錢也是讓你可以多存到錢的一條路，但是這條路通常非短期可以達成，少花錢比較有可能在短期內做到。因此，如果要排序，大家應該先想辦法少花錢，之後再去想辦法增加收入。雖然很多人都會牽拖說沒錢才無法理財，但是，我認為這是錯誤的觀念，因為你在消費的當下就已經在理財了。

舉兩個例子給大家參考，第一個是節省消費的例子。我以前買豆漿，會跑到離家遠一點的豆漿店買，因為比較便宜，而且那一家店的熱豆漿又比冰豆漿便宜 5 元，所以我一次買 3 杯熱豆漿就節省了 15 元。

3 杯豆漿，1 杯晚上當消夜，2 杯先放冰箱，隔天當早餐，這樣 1 年光每天 2 餐喝豆漿就省了 5,475 元。這兩餐如果沒吃別的東西，起碼又可以多省 50 元以上，每年可以再差 1 萬 8,250 元，如此一來，一年不就可以多存 2 萬 3,725 元了嗎？所以只要少消費就等於可以多存錢！

第二個是錢花不完的例子。對我而言，我的錢花不完不是因為我賺很多，主要是因為我年花費很少。假設我相對比較節省的狀況，每年只需要花 20 萬元，那麼當我資產有 1,000 萬元時，如果我維持每年 20 萬元的花費，並且沒有任何意外支出，我可以不用額外收入、不用投資理財，就靠存款生活 50 年。除非我活太久，遠超過我的預期，比如說 100 歲，那麼才會有點尷尬。

我是覺得這個評估不用太誇張啦，你預估你自己可以活到 85 歲～ 90 歲，已經很狂了，預備活到 100 歲甚至更遠，感覺有點過頭。當然，多準備也不是壞事，只是你退休時間會往後延一些。

當大家可以了解你的投資生涯裡面，存錢比投資報酬率重要時，你也應該要知道，努力在工作專業上，不斷精進你的工作能力以獲得更高的薪水，才是你應該努力的目標。投資理財雖然也重要，但是，當你累積到一定理財知識後，你需要的是耐心，有耐心的存錢，有耐心的等投資的複利效果。你工作可能占據你人生的 20 年～ 40 年，可是，理財的時間維度是 50 年～ 70 年，那麼長

的理財生涯，你可以慢慢來。

　　至於應該怎麼做呢？首先，你要找的工作應該是資歷提升可以對能力提升有幫助的工作。當你能力提高，生產力和效率也會跟著增加，你應該會爬到更高的職位，做更重要的事情。同時，你也會領更高的薪水。因此，你的工作不會是偏時薪工作，或偏兼職的工作。

　　舉例來說，假如你是便利商店的員工，你做了 10 年成為資深員工，你做事情也許比新進員工有效率一點，你也很熟悉便利商店業務，但是，你的資歷累積並沒有辦法大幅強化你的能力。對於店長而言，他還是很容易可以找到人來取代你，說不定還可以用很低的薪水就找到。

　　與便利商店員工這種低薪工作相反的是電子業和投資業，拿我的經驗來說，雖然現在要你們幹到管理職難度比以前高，但是，你還是可以隨著你資歷跟能力的累積，逐步提高薪水。一個電子業的 RD（研發工程師），可能新人時年薪就有 80 萬元～ 100 萬元，隨著資歷的增加，年薪到 200 萬元以上也不難。在台灣，如果你的年薪可以達到 100 萬元～ 200 萬元，以台灣的物價，可以讓你過得還不錯，而且也有餘力存錢。

　　插播一下題外話。大家都知道上班是浪費生命，但是為了錢又不能不上班，

這邊教大家一個小技巧，讓你上班時間縮短，自有時間增加，那就是把你在家會做的事挪到公司去做，我看過同事早上在公司刷牙，也看過弄頭髮，我也建議頭髮到公司再弄。如果你在家弄，到了公司可能又亂了，你就要再弄一次。

當然，我這輩子幾乎沒花時間在弄頭髮，一來頭髮沒很多，二來弄頭髮根本浪費生命，因此我建議，一樣要弄頭髮，乾脆來公司再弄。我自己是在公司剪指甲，不過，剪指甲有聲音，建議最好去小房間剪，積少成多。如果你每天可以把半小時的事情挪到公司的上班時間做，你自己的時間就多了半小時，是不是很神奇？

有些人的工作是看電腦，這種工作的彈性空間又更大了，你可以在公司到處找人聊天，你可以在公司看 YouTube，你可以在公司學習東西，你可以在開盤的時候盯盤。盯盤是投資界的工作，因此對我而言是工作之一，沒算賺到，但是對其他產業就有差，我以前在電子業盯盤時就被老闆念過。後來，我就用 Excel 看盤（用資料連結功能，把股價連到 Excel），保證其他人看不出來。

結論，很多人的工作是責任制，公司長官又喜歡盯你加班，這時候就可以彈性運用時間。我看過資料，假設每天上班時間是 8 小時，每個人平均認真工作時間搞不好不到 4 小時，瞎忙的時間很多。那你說瞎忙不重要嗎？錯！我認為很重要，有休息跟休閒，做事才會有效率。生活小智慧，認同請分享。

透過記帳了解收支習慣，才能減少財務漏洞

回到主題，要怎麼樣才能存到錢呢？很簡單，你得先了解自己的收支習慣。有數字才有管理，記帳就是為了要了解你的收支情況。如果你沒有記帳的習慣，就很難有一個比較系統性的方法來觀察與管理你的支出。當然，你也可能不是支出端有問題，而是收入端的問題。

我有認識一位朋友，他的支出端已經很控制了，但是他的問題是出在收入端：收入太少而且不穩定。然而不管你的財務問題是什麼，你首先要做的事情就是記帳，記完帳才有辦法釐清問題所在。

但是在記帳的時候，要注意一個地方，就是分類方式，同樣是花錢，花在哪裡是有差異的。如果你花那筆錢是買投資型保單，那筆錢就不能算是支出，要算是投資。雖然投資也沒有保證會賺錢，但是，那筆錢算是投資資產，沒有因為你投入就消失，還有可能會增值，因此，你不能把這筆錢算成是消費。

那要不要學會計，把大筆設備支出算每年折舊呢？我是覺得應該不用了，因為你又不需要精算你每年的每股盈餘（EPS），加上你也不是上市櫃公司，有必要向大眾揭露公正的財務資訊。自己的支出收入，你自己參考就好。和大家說一下我自己在記帳時會記錄哪些東西：

項目1》餐廳價格

有記帳你就可以比對出價格的差異，像我以前很常吃 TGI Fridays 的豬肋排，因此我就有好幾年的價格紀錄，我就知道價格一直在往上漲，或是本來就很不便宜的商業午餐，竟然又給我漲價，我也都知道。此外，你也可以透過記帳控制你的飲食習慣，比如說燒烤很好吃，但是吃太多會得大腸癌，你看看你的帳就知道自己 1 個月吃幾次。如果一個月內吃 3 次、5 次就太多了，應該想辦法控制在 1 個月只吃 1 次以下。

項目2》出國機票、飯店的價格

每次我出國都會把機票和飯店的價格記錄下來，長期的資料就滿有參考價值。等到下次要再出國時，我就知道當初出國的匯率、機票和飯店是多少錢，再比對現在的價格，就知道價格大概趨勢，現在去是貴還是便宜。

項目3》資本設備價格

我會記錄我買的資本設備，例如：手機、筆電（NB）等。因為我有記帳，我就知道我使用的精確時間，像是我前 2 支手機都摔壞，只用 1 年就很浪費，現在就學乖了，手上拿的手機有保護殼，之後再也沒摔壞。目前這支手機用了 3 年還很順，電池狀況也很好。

NB 的部分是工作所需，但是，我最近幾年都買小筆電，5,000 元到 7,000

元內解決，我出門扣（call）公司時，幾乎沒見過有人的 NB 可以比我買的更便宜。其實，基本文書處理，小筆電就很好用，而且小筆電輕薄，正規 NB 再怎麼輕薄也贏不過小筆電。

項目4》紅包花費

知道自己紅包包多少這個對大家很有用，到時候結婚就知道要丟哪些人。我自己研究了一下我包紅包的紀錄，現在回去看，我以前還滿摳的，都只包 1,600元。最近 5 年～ 10 年才包比較多，2,000 元～ 3,600 元起跳，但是好朋友結婚我會包到 6,000 元～ 8,800 元。

我的紅包也有財富效應，會隨著我資產而提高，如果你認識我，那麼你愈晚結婚，我包的紅包就有可能持續通膨。不過可惜的是，到了我這年紀，我的朋友該結婚的統統結婚了，不會結婚的我猜也很難了，哈哈。

項目5》電影票

看電影的帳，除了記錄花了多少錢之外，也會記錄每次的電影評價。有些影評現在回頭看看，覺得還滿有意思的。

項目6》日常生活用品

有時候你之前買一個東西還滿好用的，你記帳時有記錄規格，就可以直接再

買一個同樣的東西。比如說我曾經因為有記帳而發現，某家賣場賣的漱口水跟另外一家量販店的價差很大，以後就只去比較便宜的那家買。

此外，有些有時間性的東西，如果你有記帳就很方便。例如買了游泳票，期限 3 個月，有記帳就可以順便記時間。剪頭髮也可以，如果你憑感覺，長長了才剪也不是不可以，但是我覺得有記時間的話最準確，我大概都會控制 1 個半月剪 1 次頭髮。

項目7》女朋友的花費

男生把妹或交女朋友也可以記帳，算算投資報酬率，如果分手了還可以算算幫別人養老婆花了多少錢！哈哈。這開玩笑的。但是有記的人可能最後會發現，還是多愛自己一點比較好。

項目8》誰請客誰付錢

我這個人不喜歡占別人便宜，所以如果有人請我吃飯，我會記錄下來，下次一定要請回去。當然，如果是我請客，我也會記錄一下，不是要別人一定要還我人情，但是如果我有記帳，我可以精確的算出我都沒有欠人情。

以前有一次我學弟出國，我託他買罐表飛鳴，他很帥氣的跟我說，他沒有在做這種事，然後我就把帳拿出來給他看，告訴他我以前出國有幫他買過東西，

而且回國以後我還將幫他代買的東西免費送給他。有時候你想都想不到，記帳還有教別人怎麼做人的功用。

　　記完帳以後，你可以開始對支出端做控管。有些費用很明顯，你自己也知道可以砍，但是因為砍掉之後你會覺得降低生活品質，所以捨不得砍。我發現，現在的人都不會想委屈自己，無論如何，生活品質不能降低，每個月要參加的聚會都要去，唱歌一定要唱，電影一定要看，偶爾出去旅遊也一定要。手機費常常因為要支付手機本身的費用，所以每個人的月租費都在 1,000 元、2,000元以上，這有很大一部分牽扯到價值觀了。

　　就我所了解，古早的人（像是我父母那一輩或是我爺爺奶奶那一輩）真的可以整天工作與加班，然後吃得非常節儉，假日也沒有任何娛樂。每個月除了一點點吃的花費之外，其他的全部省下來，但是現在好像沒有這種人了。如果現在還有這種人，肯定會被當成怪人。

　　現在記帳還要注意一點，一堆軟體跟服務都採訂閱制，這累加起來的費用也很可觀，不要因為是信用卡自動扣就漏算了。

　　記帳還可以分析你的財富效果傾向。「財富效果」在經濟學上是指當你年薪愈高，你的花費就愈多。不過我是例外，我這種人財富效果的邊際傾向性很低。

在我年薪只有 60 萬元時，我每年花 20 萬元～ 30 萬元，不出國的常續花費（編按：指經常發生且是持續性的消費）則是 20 萬元～ 25 萬元，可支配所得約 35 萬元。在我年薪達到 120 萬元～ 180 萬元時，我每年花 40 萬元～ 50 萬元，不出國的常續花費則是 30 萬元～ 35 萬元，可支配所得 80 萬元～ 130 萬元。這邊的所得還不包含投資所得，我投資好的時候，每年資產可以多幾百萬元，我可沒學其他達人去買豪車。

控制「財富效果」傾向，避免賺多也花多

從前面的數字可以看出，當我的可支配所得增加 2 倍～ 3 倍後，花費只增加不到 1 倍，扣掉出國的常續花費，花費增加的比重更低，常續花費只增加 50% 不到。我預估未來，當我年收入到了 200 萬元，甚至 2,000 萬元的時候，我的年度花費不會再往上增加多少，財富效果的邊際效用更低，可能每年花 50 萬元～ 60 萬元就到頂了，我不敢想像我 1 年會花超過 100 萬元。事實上這樣的數字也是符合邏輯的，因為如果我是財富效果很強的人，基本上我賺得愈多，我就花得愈多，我哪裡存得了錢？就是因為我摳門，所以我才可以存得很快！

最近我身邊還有一個案例可以講一下。我有個學弟本來去年（2018 年）想換車，後來投資沒那麼順利就放棄了，結果今年（2019 年）股市大多頭，我

之前跟他吃羊肉爐時就看他換了手機，iPhone 11 Pro Max。因為他這人對科技產品的規格、性能根本不清楚，以我對他的了解，他買之前絕對沒有花時間研究，並且比對各手機性能的差異。

好笑的是，他之前還一直跟我說前 1 支 iPhone 很爛，買完手機後他跟我說，新 iPhone 相機功能很強。我想說，現在所有旗艦手機都多鏡頭了，只有你狀況外吧！我學弟就是屬於財富效果比較強的人，賺多就會花多，我也幫他算過，要是他跟我一樣節省，現在日子應該可以輕鬆很多了。

通常人的欲望是無限的，至少你沒有富有到讓你的欲望（消費）看起來是有限的。基本上，如果你的年收入在 50 萬元～ 300 萬元之間，你都有辦法讓你的消費跟上你的所得，你賺 50 萬元花 50 萬元，你賺 300 萬元也絕對有能力花 300 萬元。

如果你還有特別的嗜好，你的口袋會破更大的洞，例如你喜歡騎重機，你買 1 輛重機就可能花掉 30 萬元～ 300 萬元。如果你同時有多個嗜好，那你口袋一定會破更多洞，無論是手錶、包包，價格從 30 萬元～ 3,000 萬元都有。除非你像巴菲特有 800 多億美元的身價，或是年收入有 50 億美元，你的花費才有可能跟不上你的年收入。畢竟沒有人能光靠消費就消費掉 50 億美元！日常的衣食行育樂，怎麼可能有辦法花掉那麼多錢？

對於正常人來說，年收入再怎麼高，消費都可以輕易跟上，而且他們喜歡等到收入減去支出以後，還有剩餘的錢才會拿去存起來，但是，如果支出一直等於收入，哪會有儲蓄？所以才有人會搞一個公式，就是拿到薪水後，先扣掉儲蓄，其他才是可以花費的錢。例如：薪水 5 萬元，先扣掉存款 2 萬元，剩下的 3 萬元才是本月你可以消費的金額，這是強迫自己每個月儲蓄 2 萬元的方法。這個方法也許對少部分的人有用，但是對我沒差，反正我又不會賺多花多，我每個月的消費基本上是固定的，超過的部分也會自動全部拿去投資。

如果你有記帳，你可以分析過去 10 年的收入與消費，就可以算出你的財富效果傾向。如果你的財富效果傾向強烈，你就存不了錢，你必須要在消費這邊砍掉額外的奢侈行為，不然你的錢永遠存不下來。

當然我也不是叫你去當鐵公雞，完全不去享受，我自己的花費也有隨著年收入而慢慢增加，不過要合理的增加。很多人在消費這塊會失控，我自認為每年花 40 萬元～ 50 萬元就已經非常享受了，如果花到 80 萬元～ 100 萬元還覺得不夠，我會覺得你可能太奢侈了。

如果你的年收入有 300 萬元以上，那這樣花也還好，就怕你的年收入只有 80 萬元～ 100 萬元，結果每年也差不多花掉 80 萬元～ 100 萬元，這樣就慘了，一輩子都存不到錢。

分析完了以後，你把必需品的錢扣掉（主要會是食住行），剩下的就是可支配所得，完全不享樂的話可以全部存下來，這樣你就知道你每個月扣掉基本花費最多可以存到多少。以後你的消費模式就可以改成，拿到薪水後，先把本月該存的錢存起來，其他才是可以花費享樂的部分！

心理學家做過一個「棉花糖實驗」，研究人員會將棉花糖放在小朋友面前，並且告訴他，如果可以忍住不吃這顆棉花糖，15 分鐘後就會再多給 1 個。實驗發現，愈能忍住不吃棉花糖的小朋友，長大愈有成就。我認為，大家也應該現在努力多存一點錢，為將來打算。先苦後甘會比先甘後苦來得好。

講到這裡我忽然想到一個例子。以前小時候我吃三明治，我都是一層一層的吃，先吃外面的麵包，再吃內層小黃瓜，最寶貴的火腿留在最後吃。結果有一次，我叔叔看到我剩一片火腿，說我是不吃火腿嗎？還沒等我解釋，就手刀抽走我那片火腿！你知道這對小朋友是多大的挫折嗎？可惡！

5-6 了解4個理財知識 強化理財EQ

　　除了前面提到的幾個穩健的投資觀念之外，最後我講幾個我認為在投資時需要知道的一些知識，例如：第一桶金具有什麼意義？多少錢算是第一桶金？投資人常常提到的複利效果是什麼？是否可以拿全部資金投資高風險資產？如果本金少還需要分散風險嗎？一一介紹如下：

知識1》用 100 萬元本金投資才有感

　　第一桶金的意義就我來講，比較是一個象徵意義，一個里程碑，當你到達時可以給自己小小的心理獎勵，要小小的物質獎勵也不是不可以，例如去吃大餐。

　　如果以馬拉松來為例，這只是中間一個小小的補水站，你離終點還很遠，你到了補水站，可以心情放鬆一點點，邊跑邊喝水，然後就要繼續跑下去了。時間既是你的朋友，也是你的敵人，你不能像龜兔賽跑裡的兔子，一開始衝很快，看到大樹後心想「反正時間還很多」，就開始在樹下休息，你應該要像烏龜一

樣永遠不停下腳步。

英文有「百萬富翁（millionaire）」一字，也有「十億富翁（billionaire）」一字，如果用美元計算的話，100 萬美元的資產就可以退休了，要 10 億美元的資產才算是真正的富翁。如果你有 10 億美元的資產，你在日常消費上，可以過得很奢侈。但是，如果是新台幣的話，100 萬元資產還不算富翁，1,000 萬元的資產退休可能才剛好，要到上億元，甚至 10 億元的身家，在台灣才比較算得上有點錢。

因為我們平常把百萬富翁嚷嚷上口，加上 100 萬元也是一般人工作幾年，存錢幾年可以達到的數字，所以我把 100 萬元當成第一桶金。100 萬元的資產下去投資，如果年報酬可以有 20% ～ 30%，那就是 20 萬元～ 30 萬元的資本利得，也快到一般上班族 1 季或半年的薪資所得了。你的本金說大不大，說小不小，投資起來成功或失敗都有影響性，也會影響到你的心情了。

知識2》複利效果要長時間才會顯見

當大家在講時間的複利效果時，有一點非常重要，那就是複利效果是靠時間累積且加乘的。如果投資報酬率不高，大約 5% ～ 10%，甚至更低，複利效果的顯現就會更晚。所以當你的資本很小，資產累積的時間又不夠長的話，你的

複利效果就會不明顯，這時候反而是存錢對你的資產累積比較有幫助。

　　參考股神巴菲特（Warren Buffett）的資產增值，目前接近 90 歲的巴菲特，身家 800 億美元（如果他都沒有捐出去的話，應該會高達 1,000 億美元）。但是，巴菲特在 44 歲時，因為當年的股災，資產只剩下 1,900 萬美元；在 56 歲時資產為 10 億美元。雖然他當時已經很有錢了，但是，離世界首富還有很遠的距離；60 歲時巴菲特的資產達 38 億美元，當時美國家庭的中位數薪水是 2 萬 5,000 美元，他的資產已經是一般家庭的 15 萬倍；60 歲之後，巴菲特的身價開始起飛，到現在 89 歲約 800 億美元，這還是他已經捐很多給比爾與梅琳達·蓋茨基金會（Bill & Melinda Gates Foundation）以後剩下的資產。

　　因此，目前巴菲特的身價有 96% 是 60 歲以後賺來的，巴菲特在很長期間都有高達 15% ～ 25% 的年均投報率。大家搞不好每年投報率連 5% 都沒有，更不該奢望自己在年紀輕輕時，就有辦法用資產滾到大錢。真的有這樣的複利效果出現，也通常是在你的投資生涯末期了。

　　我反而建議大家應該要努力存錢，存錢才是普通人累積資產最快的方法。你要存 100 萬元，應該比資產增值 100 萬元容易。普通上班族 30 歲～ 40 歲就有機會在 1 年、2 年內存下 100 萬元。如果你想要有 100 萬元的被動收入，在 5% 的報酬率來算，你的資產都至少要有 2,000 萬元。對於 30 歲～ 40 歲

的投資人來說，如果不是創業成功、不是富二代，很少有人可以達到這個資產額。

知識3》閒錢才能拿來投資高風險的資產

我會建議資產配置中，比較有風險的標的或理財部位，必須用閒錢才能來投資。閒錢的定義是指 3 年～ 5 年內不會動用的錢。以我過去 19 年的經驗來看，這段期間台股就已經遇到過 3 波大崩盤（2000 年、2003 年和 2008 年），每波都可能讓你損失一半以上的股票資產。如果你不是用閒錢來投資，假如你要用錢的時候剛好遇到崩盤，等於得被迫賣在指數相對低點，這點肯定對資產累積是非常傷。

相反來講，我會建議大家的資產配置中，要有一定的現金部位，主要也是要等待大崩盤時，低檔加碼用，有沒有在低檔加碼對你的報酬率差異影響非常大。同時，手上握有現金對於心理上的影響也很大，當你在股票低點時還有錢加碼，你會比較不焦慮，感覺也不會那麼負面，也就比較可以理性熬過景氣谷底。

知識 4》永遠不要忘記分散風險

你去外面餐廳吃飯，有時候會擔心飲食健康的問題，也許某些店家用了不好

的油、化工的胡椒鹽。就算不是老闆黑心，也可能是不明來源的產品出問題，老闆自己可能都是受害者。

　　遇到這些防不勝防的情況，我建議你最好分散很多家來吃，以達到分散風險。例如：你一星期吃一次鹽酥雞，然後你再分成 4 家不同的鹽酥雞購買，這樣 1 個月你吃了 4 家不同的鹽酥雞，就把風險再分散了 4 次。萬一哪家用了地溝油、不良化工品，你也不過 1 個月吃到了 1 次，這樣的劑量應該就會相當安全。

　　同樣的邏輯用在金融商品上面也一樣，你在不同金融機構購買，你在不同券商下單，你的部位分散、你的商品分散，你就不會因為一個商品出問題而全盤皆墨。當然，有時候你沒辦法這麼分散，因為你的本金很少，你沒辦法買到足夠的股票。你分散很多家買金融商品或交易，可能購買成本、交易成本會增加，但是，我會建議，你在做得到的程度內盡量分散，通常風險分散後都會看到好處。風險分散就是要對不可預測的未來做控制，根據我個人 20 年（1 年基金＋ 19 年股票）的金融投資經驗，我覺得風險分散永遠沒有太過度這回事。

Note

第6章

財務自由的規畫

6-1 消除2項誤解 了解真正的財務自由

投資人接觸到理財，最嚮往的應該是書裡跟你吹捧的財務自由夢，外國還有個專有名詞叫 FIRE（Financial Independence,Retire Early，財務獨立和提早退休）。

當大家上班累得要死，對主管幹得要死，忽然有人丟一個美好的願景給你，向你鼓吹財務自由、提早退休的美好生活，你一定會覺得如同久旱逢甘霖、找到人生最重要的目標。但是，如果你沒有正確的知識和判斷、沒有足夠的耐心，只聽到「財務自由」就失心瘋地往前衝，就像是你在沙漠中忽然看到海市蜃樓一樣，會讓你失去理智，往假的綠洲衝過去，結果綠洲沒有找到，反而死得更快。

以我自己為例，當初我在大學念理財書的時候，也是被投資理財的觀念顛覆自己原本的想法，如果你投資理財得當，那麼財務自由不是遙不可及的目標。我目前也算是財務自由了，我自己做到了，但是，著實不容易，你要有正確的

財務目標、正確的理財做法，還要有耐心地往正確的方向前進。慢慢地，你會發現自己離目標愈來愈近。我相信把這本書念完，你至少踏出了財務自由的第一步。在講解什麼叫財務自由之前，我先解決一下一般人對財務自由常見的誤解：

誤解1》財務自由等於不工作？

我想很多人誤會了財務自由的意義，財務自由不是不工作，而是你可以自由地做你想要做的工作。假設有兩份工作：一份薪水高，可是你不喜歡、一份薪水低，但是讓你心情愉快、同事很有趣，甚至還對社會有很大的貢獻，可以幫助到很多人。如果你花費很多、如果你想要存很多錢，你可能被迫從事你不喜歡但是薪水高的那份工作。可是，假如你財務自由了，你可以選擇後面那個工作。人生只有一次，開心的過是一次、不開心的過也是一次，可以選擇的話，大家都會選擇開心的過一生。

以我為例，如果我沒有財務自由，我也沒辦法離開上一份工作。雖然投資界的工作已經相當好了，待遇相對不錯，工時不長，工作相對有彈性，雜事不多，但是，我在前公司，整天要看到一個巫婆臉、一個苦瓜臉，光看到這兩張臉就會讓我不爽，讓我感覺衰，開會時偶爾還要爆氣跟主管對幹，這種工作做久是會危害健康。因為我財務自由了，所以我有得選擇，我選擇離開。

　　我現在不工作，整天都很自由，我想做什麼就做什麼。之前學弟臨時邀約，說去宜蘭就去宜蘭。我 9 月底出國，是因為朋友在 9 月 24 日說有便宜的機票，當晚就馬上訂，9 月 26 日就飛日本北海道。

　　如果我還在工作，大概很難跟主管請假吧？我今年（2019 年）3 月離職以來，已經出國 4 次，不用擔心排假的問題，不用擔心長官碎念，不用擔心假不夠用（其實我在公司已經每年有 17 天的特休假，排個 3 次都夠用，但是你們有些人大概就不夠了）。而去美國、歐洲這種需要更長期的假，有多少人可以排得出來？

　　平常在家，天氣好的時候，我可能出去騎個腳踏車，順便抓抓寶可夢（Pokémon）。接近吃飯時間，就看當時是在哪裡就順便在附近吃個飯。做什麼都很有彈性，想怎樣就怎樣。平常日上午的時間，我基本上都在看資料，下午會準時去健身房。

　　因為不用上班，所以我可以中午睡個午覺，精神充沛的去健身房，這樣的運動效果肯定比你下班已經很累，還要硬拖著身體訓練來得好。訓練完回家以後也沒有事情要忙，就可以好好的休息，甚至有時候很累，直接躺下去睡覺，從晚上 8 點睡到隔天早上也沒差，也不用擔心什麼報告還沒打，營收、季報還沒有評估的鳥事。

就算你財務自由，你還是可以繼續工作，你可以選擇輕鬆的工作、有興趣的工作、對社會有貢獻的工作。在這種情況下，繼續工作也非常好，你有工作的社交圈，你有一定的社會地位，你更有一份穩定的現金流，你的手頭會更寬鬆。如果你不小心又累積了更多財富，你自己都用不完，也可以對晚輩大方點，甚至把財產捐出來做公益，這樣對社會有更大的貢獻，也會有更多人受惠於你的資產。

我自己目前是沒有正職工作，也許我寫書會有一點點的收入，後面如果有好的工作機會，其實我也不排斥，但是我會非常要求時間的自由度，也許當個顧問，當個董事之類的職務，是可以考慮的。我不用領太多，但是還有工作、有點貢獻。我會繼續往推廣投資理財的方向前進，不管有沒有收入，我希望幫助多數人改正理財觀念，讓大家最終也可以不要為了錢而傷腦筋。相信這樣最可以大幅的提高社會的總福利。

誤解2》財務自由等於有錢人？

我有時候講財務自由，會被有些人嗆說，「明明還很窮，根本不算是有錢人。」我可沒有說過我是有錢人，就算我真的這樣講，我也常常是在酸自己。在台灣，只有幾千萬元資產的人還不算有錢人，我覺得起碼要上億元，最好有10億元，這樣才真的是有能力想買什麼就買什麼（所以我以前部落格才會叫

做「遊民邁向十億之路」）。

　　財務自由不等於有錢，但是等你資產有個上千萬元，你可以自由地做自己想要的工作。你想出國去遠一點的國家也不會花不起；你想吃大餐、想吃和牛、想吃帝王蟹也不會吃不起；你想買品質高一點的手機或吸塵器也都買得起。除非是奢侈品，否則日常的食衣住行，其實你都有一定的購買力，這樣就是一定程度的自由了。你不會受限於金錢，導致這不行做那不行做、這不能買那不能買。

　　我之前看壹傳媒集團創辦人黎智英的著作，裡面提到他很愛吃、很懂吃，他就說過有錢的好處就是可以吃好吃的東西，而且想吃就去吃，不用受限於預算。我 9 月去日本，結果現金帶不夠，就算你去可以刷卡的餐廳，也不太敢大吃特吃，因為會擔心萬一卡刷不過，現金也帶不夠，就尷尬了。吃東西還要考慮預算的情況，我自己比較少遇到，那個感覺真的滿差的。

　　所以財務自由，依據我的定義，是你有隨時不工作的自由、你有選擇工作的自由、你與家人未來的生活已經有一定的保障、你可以開始享受人生，而不需要面對金錢的壓力，你有能力花費，並且奢侈一點的享受。

　　當然，沒有人可以絕對自由，達到初步財務自由後，你還是得繼續投資理財。

投資理財的過程多少會有點壓力，甚至可能還是得做個正職工作（當然是你喜歡，也有熱情的工作），維持一個額外的現金流，但是，我相信你達到財務自由後，你會比較快樂，也會對生活比較滿意。

根據馬斯洛（Maslow）的「需求層次理論」，當你各方面的需求都滿足後，你應該也會想要開始回饋社會，讓身邊的人，甚至不認識的人都過上更好的生活，而不是僅僅獨善其身。

退休金規畫建議保守一點 讓老年生活更有保障

6-2

了解完財務自由的定義後，下一步就是要探討，多少錢才算財務自由？或者可以換一個方式問，要存多少退休金才足夠？關於退休金要存多少錢，網路隨便一搜就有很多相關資料（這篇整理的最好，有興趣可以參考 tmmperfectlife.com/how-much-to-save-for-pension），但是我還是説明一下自己的想法。

因為我這個人偏保守，也希望退休後維持非常好的生活水準，所以我可不想單純為了提早退休，而把退休後的生活搞得很拮据、生活品質很差，因此我會把退休金預估得非常高。對我而言，這樣是可行的，因為我存錢的能力與投資的能力都很強，如果你們也學我設定那麼高的標準，可能得很晚才能退休，所以沒必要搞得跟我一樣超級保守，就正常評估加上一些合理緩衝就可以了。

現在一堆專職投資人，股票多頭時賺點錢，就不工作了，他們的資產可能只有 500 萬元、1,000 萬元，就以為可以財務自由，後面都要靠股票賺錢與維生。和他們相比，我不但單身、花費又少，加上我還設定了更高標準，才會一直搞

到今年（2019 年）才決定不工作，不然標準設低一點的話，我搞不好 35 歲就可以不工作了。當然，有人只累積幾百萬元就不工作，我感覺比較扯，未來變數那麼大，這決定太積極、太冒險。

我常講，錢花不完有兩個原因：一個是收入很高、一個是花費很少，退休金的準備也是如此。退休金要花不完，要不然就是退休金很多、要不然是退休後花費很少。如果你可以每年只花 20 萬元，又保證不生病、沒有其他意外支出，你假設退休後要活 30 年，你 50 歲存到 600 萬元就可以退休。

問題是誰可以保證自己不生病，誰可以保證自己沒有意外支出呢？生病可以買醫療險，再多準備一點醫療費，家族病史了解一下，你就知道你可能怎麼死了。意外支出因為是意外，所以難以預估。這部分起碼也得準備個 100 萬元、200 萬元留給家人吧。

別妄想退休後靠投資過活，未來投報率恐不及 3%

另外，請降低未來投資預期報酬率，有沒有注意到我上面設算幾乎沒有算投資的獲利，只算退休後會一直吃老本。雖然條件這麼嚴苛，但是，我相信這樣才能貼近未來的現實。我預估，未來 20 年，市場的投報率大概 3% 而已（假設你的資產，一半投資在全球股、一半投資在全球投資債），而且出現比我預

估更低的機率很高。另外，如果你的投資組合風險高一點，大虧的機率就不低，因此，不要肖想靠投資來過好日子，我覺得未來幾年不要投資大虧就不錯了。

我建議，大家在評估退休金的數字時，可以採用保守預估的原則。通常財務數字都是預估來的，現實跟預算也常常有差異，有沒有發現公共建設蓋好所要花的錢，每次都比原本預估得高、蓋得比預估久，因此，大家做預估時可以保守一點。

在進行退休規畫時，不要太依賴政府給的退休金

假如你預估的退休金額太高，以至於你人都走了，退休金都還沒花完，你可能還要傷腦筋遺產要怎麼分配，子孫才可以雨露均霑，才不會吵架，不過這至少是個幸福的問題，絕對比你人還沒死，結果錢都花光了還要好。

當你已經老到無法工作、身邊又沒有多餘的錢時，你可能就變成家人的負擔，甚至子孫不肖，你還可能被當成人球踢來踢去，過著沒有尊嚴的日子。有時候我都覺得與其過著不快樂、滿身病痛，又沒有人理的日子，還不如早點解脫。我個人在預估退休金時是非常保守，所以我不認為自己的財務白由規畫或退休規畫會出包，但是，我的標準訂得太高了，要你們跟我一樣可能也太超過了，你們自己控制保守的額度，如果遇到少見的「黑天鵝」（編按：指極不可能發生，

但實際上卻發生的事件）你都沒事，那麼保守程度應該是足夠了。

　　舉例來說，假設未來 10 年你的資產投資報酬率為 0%，未來 30 年算起來也只有年均報酬率 5% 不到，然後所有退休金都破產，你什麼都拿不到，只能靠自己，例如健保破產後，你看病的費用提高 1 倍等，請盡量想得誇張一點。其實，我現在已經在評估，假如兩岸戰事爆發，台灣被封鎖 1 年，我要怎麼度過這個難關？因為我覺得未來的退休金制度、保險制度和健保制度，都可能有破產的風險，請大家預估時把這個因素也考慮進去，最好是完全靠你自己的資產就夠用，不要用到政府的保險制度，有拿到都是多賺的。

　　市面上最常見到的退休金評估法是 FIRE（Financial Independence, Retire Early，財務獨立和提早退休），教大家用每年花費 4% 當準則，也就是說，假設你每年花費 40 萬元，那麼當你的資產達到 1,000 萬元（40 萬元 ÷4%）就可以退休，但是我覺得，這個原則太積極了。假設你未來的投資報酬率不佳，最差的情況是 0%，每年 4% 吃老本，可能 25 年就吃光了。假設你 50 歲後不工作，那麼 75 歲就會遇到財產吃光的問題，如果你又活到 85 歲、90 歲，那麼就更尷尬了。

　　上述的例子還不包含發生意外事件、忽然急需用到一筆大錢的情況，這個規畫完全沒有緩衝的空間，所以我可能會建議用 2% ～ 3% 當準則，也就是說，

如果你每年花費 40 萬元，那麼你的退休資產應該至少要 1,333 萬元（40 萬元÷3%），甚至是 2,000 萬元（40 萬元÷2%）。意思是 50 歲存了 2,000 萬元後，你可以撐到 100 歲都沒問題，這樣的穩健程度就足夠了。

　　你們也可以設算出，在未來的現金流狀態下自己的退休金要存多少，這個問題其實要問你們自己，我是追求簡樸生活的人，我不浪費太多的錢在物質上，因此，我可以早早變成自由業，不用在公司每天看到一張巫婆臉、一張苦瓜臉，搞爛我的心情，甚至讓我拳頭很緊繃。

　　如果少花一點錢，不買 iPhone，改買小米，不買 5,000 元波特包，改買 500 元網路包，穿著靠身材不靠昂貴的衣服，你也可以早一點過和我一樣的日子，自由又輕鬆。我不知道為什麼大家總是本末倒置，工作得很不爽，於是又花大錢買東西犒賞自己，花大錢唱歌或到處玩耍來紓壓。因為花費更多，所以需要高薪、高壓的工作，一直在惡性循環。

　　你不覺得上個班搞瘋自己、搞累自己，然後好不容易賺了點錢又拿去買藥吃，很腦殘嗎？漁夫的例子聽過嗎？商人去海邊釣魚，看到漁夫也在釣魚。商人跟漁夫說，我教你方法讓你賺更多錢，然後你有了很多錢，就可以像我一樣在這邊悠閒的釣魚了。漁夫說，我現在不就是悠閒的在這邊釣魚了嗎？

6-3 掌握5大變數算出財務自由所需的資產

如果光用數學公式計算，達到財務自由有幾大變數，例如：每年的收入，尤其是每年的儲蓄金額、未來每年預估的投資報酬率、未來預估的年度消費金額、財務自由的機會成本，以及一個滿重要的調整數，也就是財務自由後的剩餘平均餘命。

變數1》每年的儲蓄金額

賺得多不見得存得多，年薪有 100 萬元的人，存的錢不見得比年薪 60 萬元的人多，因為年收入減去花費才是你的儲蓄金額。如果你賺 100 萬元花 100 萬元，那麼你的儲蓄是 0 元；如果你賺 60 萬元只花 20 萬元，那麼你每年就可以存下 40 萬元。如果你每年能存下 40 萬元，我相信對很多人來說就已經是一個不錯的數字了。當然，大家還是應該努力去提升自己的薪水，如果你每年花費固定，當你薪水愈高，愈能存到更多錢。你薪水如果只有 60 萬元，你上限可能就是存 50 萬元，如果你薪水有 100 萬元，當你存到 90 萬元時，薪

水 60 萬元的人就不可能超越你了。如何在工作上努力並且求取高薪比較不是本書要教的，有興趣的人可以去買相關的書籍來充實自己。

以我自己為例，我的花費不大，當我的薪水從 60 萬元提高到 100 萬元時，我的花費只從 20 萬元提升到 40 萬元。收入增加了 40 萬元，可是我的花費只增加了 20 萬元，我每年可以儲蓄的金額就從 40 萬元提高到 60 萬元。而我的年花費上限約 50 萬元，薪水再怎麼高，也不會超過 50 萬元。當我的年薪最高達 180 萬元時，我那年只花了 40 萬元，因此那年我存下了 140 萬元。

但是對很多人而言，薪水和花費大概是完全成正比，你年薪 40 萬元時花掉 40 萬元，當你年薪提高到 80 萬元時，你也花掉 80 萬元，如果你有這個毛病，我相信你到年薪 500 萬元時，還是可以花到 500 萬元。當然，花費傾向也會邊際遞減，巴菲特（Warren Buffett）年賺 100 億美元時，你叫他 1 年花費（不算投資）100 億美元，是不可能的事，但是這個問題大家沒必要去傷腦筋，畢竟要年薪超過 500 萬元，沒有幾個人可以辦到了。

變數2》未來每年預估的投資報酬率

如果你像巴菲特一樣，可以讓資產每年增長 25%，那麼我相信，就算你只是普通上班族，應該也可以在 10 年內財務自由。

假設你每年可以賺 25%，那麼你都不需要額外投入，只需要在第 1 年投入 100 萬元，第 10 年這筆錢就會變成 931 萬元，也就是 10 年約成長 10 倍的速度。然後再過 10 年，原始的 100 萬元已經變成 8,673 萬元了，你離億萬富翁也不遠了。等到第 3 個 10 年，你的資產就會增加到 8 億 779 萬元，你已經接近英文的 10 億富翁（billionaire）了。如果你是這樣的天才，那麼你大概存個 50 萬元～ 100 萬元，就可以財務自由。

雖然我去逛個書局，看到一堆書的書名寫著「輕鬆年賺 30%」、「穩穩賺 18%」，但是實務上，很少有人可以一直維持這種超人的績效，因此，我們還是回到地球，談一談長期比較可行的績效，也就是 5% ～ 15%。如果你自己有比較好的投資能力，每年可以有 15% 的績效，那麼 20 年後資產成長到 16 倍，30 年後是 66 倍。不過，很可惜，我對未來的資產投資報酬率很悲觀。

當我在 1998 年念到投資理財書籍時，理財書教的是投資股票平均每年可以賺到 15%。如果真的可以長期每年有這麼高的報酬率，那麼你一開始投資 100 萬元，投資 10 年會變 404 萬元、投資 20 年會變 1,636 萬元、投資 30 年會變 6,621 萬元。股票的高報酬、複利效果之強烈，震驚了我，我開始做發財夢。

我本來以為，我這輩子大概就跟一般人一樣，念完書後乖乖去上班，上到

65 歲後靠存下來的錢退休，平平淡淡過一輩子，但是，當我知道投資理財後，我發現有條路可以提早財務自由或退休，甚至要成為巴菲特也有那麼一點機會，資產上億元不再是個夢想，本來很多看似遙不可及的東西，都有可能了。

但是，實際上沒有那麼美好，我念到的理財書籍其實也不是唬爛。我查了一下資料，美股在 1980 年～ 2000 年，年均報酬率高達 15%。但是，我前陣子看到一些資料，回算了一下我過去 19 年遇到的實際狀況，2000 年～2018 年，台股年均績效只有 5% 不到。我自己選股能力比較強，我可以達到年均 10% 的績效。不過，即使是 10% 的績效，也跟原本預期中的 15% 差距不少（詳見表 1）。

花費一樣的時間，年均報酬率變動了，經過 30 年的複利效果，結果就天差地別。年均 15% 報酬率的投資人，30 年後資產變成了 6,621 萬元、年均 5%報酬率的投資人，30 年後只變成了 432 萬元。資產 6,621 萬的人可以安穩的退休，並且過好日子，432 萬元的人可以勉強退休，但是必須稍微控制一下消費，一旦遇到意外，不小心花一筆大筆，就剩下不多了。

你不要抱怨 5% 報酬率不高了，這還是幾乎全部股票配置又沒有計算交易成本與稅負的報酬率，萬一你拿不到指數績效，或部分資產分散到債券、定存等更低報酬率的資產，或者是自己亂投資，投資沒那麼順利，可能連 5% 都沒有。

表1 100萬放在年均報酬率15%商品，30年變6621萬
——年均報酬率與總資產

報酬率	初始資金	10年	20年	30年
5%	100萬元	162萬元	265萬元	432萬元
10%	100萬元	259萬元	672萬元	1,744萬元
15%	100萬元	404萬元	1,636萬元	6,621萬元

我猜很多人 100 萬元投下去，30 年後還是 100 萬元，我相信還有不少人會連 100 萬元都虧光光。

現在是 2019 年，剛好是 2009 年以來的 10 年大多頭，正好在股市最高點。依據《投資金律》一書所說，過去績效愈好，未來績效愈悲觀的推理，未來的報酬率可能連前 20 年台股的年均報酬率 5% 都沒有。全世界人口老化也會拖累經濟成長，全球負債率在歷史高點，也會拖累未來的經濟成長，這些都是未來每年預期投資報酬率不高的原因。因此，我會悲觀的預期，你未來 20 年～30 年的投資報酬率不會超過 5%。再考慮通膨因子後，實質的報酬率又還會更低，想要靠投資就累積龐大資產，已經不太容易。

不只我這麼認為，諾貝爾經濟學獎得主羅伯特・席勒（Robert Shiller）目前（2019 年 10 月）也預估，未來 30 年 S&P 500 指數的年均報酬率只有 4.4%。

他也認為，所有資產都泡沫了，股市、債市、房市都有泡沫疑慮。投資銀行摩根士丹利（Morgan Stanley）預估，未來 10 年一個「美股（60%）＋美國公債（40%）」的投資組合，其預期投報率為 4.1%，這是過去 20 年以來的最低預期報酬率，相比以前平均值 8%，到最高的 12%，更是低了不少，也只比 1950 年以來最差的 4% 高一點點。

如果說，未來市場只有 5% 以下的投報率，要你每年繳出 15% 的成績單，幾乎是你每年要打敗指數 10 個百分點，這幾乎也達到巴菲特等級了，巴菲特大概就是每年打敗指數 10 個百分點而已。

我建議，大家用市場報酬率來評估就好，如果你可以拿到市場報酬率，就已經非常優秀了。假如你是萬中選一的人才，自認為可以超越指數 2 個百分點～5 個百分點，我會建議你，未來每年預估的投資報酬率是 5% ～ 10% 就好，因為未來 10 年很可能市場的年均報酬率只有 0% ～ 5%。

曾經有人問過我，真的對未來的可能報酬率那麼悲觀嗎？想年賺 10% 還有可能嗎？我可以舉個例子，就像是你能跳多高，其實大部分因素不是你決定的。麥可·喬丹（Michael Jordan）跳躍力再怎麼高，也就滯空 0.92 秒而已，你再怎麼廢，也輸不到他 0.92 秒。你跳得多高主要是地心引力決定的，你在地心引力低的星球就有辦法比在地球上跳更高。

　　同樣地，你在股市裡面賺多賺少也脫離不了市場的整體報酬率，巴菲特最厲害的一點就是，每年打敗指數 10 個百分點～ 15 個百分點。然而你又不是巴菲特，再加上你的投資報酬率有很大一部分不是你決定的，而是市場決定的，但是，存錢是你決定的，至少無論你是存多存少，都是你自己可以決定，不會受到市場影響。所以我建議大家，腳踏實地的存錢，多在工作上求升官與加薪，以保守原則來講，你多數的退休金要你自己存，如果到時候投資有多的，也算是賺到，如果你把投資收益預估太高，到時候你可能會發現尷尬了。

變數3》未來預估的年度消費金額

　　我可以提早財務自由有個關鍵因素，我的年度花費不多，我沒有交女友，我沒有結婚，我沒有小孩，我房子自有，不用付房租，我沒有買車，我不用給長輩孝親費，所以我每年只花費 20 萬元～ 30 萬元，加上出國的話，約花 30 萬元～ 50 萬元。因為財務上許可，所以我才會出國很多趟，在旅遊上的花費比較奢侈；如果我財務很困窘，肯定會減少出國次數，就算真的出國了，也會嚴控出國的花費，控制在每次出國花 2 萬 5,000 元（含機票、住宿）以內。

　　我有工作時的收入，大概就是年收入 60 萬元～ 180 萬元，我相信很多人年薪可以達到這個數字，甚至比我多的人也一大堆，但是，可以像我每年花費這麼少（40 萬元）的人就不多了，我覺得這才是我存錢最大的優勢。

不過，這個年花費，其實也算很寬鬆了，我沒刻意精省，大餐還是照吃，也常常請客，要說真的省的地方，應該是我資本花費比較少，例如：衣服、褲子、手機、電腦、包包等。如果你比我還厲害，還會省，那麼你的生存力可以更強，厲害的人我猜可以將花費壓縮在年花 10 萬元以內。

像是最近很紅的日本最省女孩──田母神咲，她可以每餐控制在新台幣 15 元以內。在台灣，你要用新台幣 15 元過一餐都不可能了，而她卻在物價更高的日本竟然做到了。當然，我也不建議大家學她，長期這樣吃如果導致健康出問題，少活了 10 年那就得不償失了。我寧願她用更健康的方法省錢，延後個 5 年～ 10 年退休，然後生活過得更愉快，同時也會更健康。

你不要覺得我這樣花費少少的日子不好過，我覺得已經非常富裕了，甚至還有點奢侈。我吃過很多次教父牛排，我也吃過米其林餐廳，我吃麥當勞還都加點雞塊！我吃切仔麵更是點一桌滿滿的小菜，我都不覺得你們花錢比我多的人有過得比我爽！

變數4》財務自由的機會成本

如果你退休不再工作，你等於要放棄目前工作的薪水，所以說，這個薪水就是你的機會成本。如果大家是達到財務自由而決定離職，我基本上會先建議你

要再三考慮。因為當你離開職場後，不見得還能回得來，尤其是你中間空白太久，也許離開業界 5 年～ 10 年，你已經和產業脫鉤了，要再回來很難。如果你和產業脫鉤，回業界可能幾乎要從頭開始，你的資歷會打折，你的薪水也會打折。

而你離開時的人脈可能更不保久，也許沒幾年，那些人脈就淡了、沒用了，你的人脈很多也是跟著你的公司工作跟職位，沒了工作常常表示你的人脈也沒了。所以我會建議，沒有萬全的準備，不要輕易離職。對我而言，我可能在離職的前 5 年，財務上就已經準備好了，所以我離職時是已經想得非常清楚，財務上也充分的準備了。

第 1 章有提到，我剛開始工作時，曾經在電子業待過 1 年，之前也在證券業當新人狂操了 3 個月，這些經驗讓我開始去思考工作與人生的關係。我們都知道，工作是為了能得到更好的生活品質，但是，往往是工作搞爛了你的生活品質。證券業的新人訓練壓力大、工時長，整天盯著螢幕，電子業更是工時長的代表，雖然我待的神基已經是相對輕鬆的公司了。

看看 RD（研發工程師），看看其他電子業的加班時數，看看變態的日本客戶在你加班到晚上 9 點時，還可以收到他的郵件。要知道，日本時間比台灣早 1 個小時，你晚上 9 點收到郵件，表示你的客戶都已經晚上 10 點了還沒下班，

真的很變態！聽說韓國人的加班文化也很變態，你接他們的代工，你如果出包，他會把你在他們公司關到解決問題為止。現在的中國資訊業也一樣變態，它們有所謂「996工作制」，是指「早上9點上班，晚上9點下班，每週工作6天」的工作制度。亞洲國家的經濟會強，都是這些新鮮的肝堆積起來的！

你說有解法嗎？我覺得沒有。客戶就是要你在最快的時間內給他最新的、最好的東西，你有 bug 就要馬上解決，這統統是在跟時間賽跑，當然這些公司往往也是薪水最高的公司。但是，你們在類似公司工作也應該知道，這種工作不可能讓你做到永遠，你真的在這家公司賺到了錢，你也沒命花。大家想的都是，趕快在幾年內賺到一筆錢，然後去個比較輕鬆一點的地方。

有了這種操勞的工作經驗以後，我很清楚知道自己要什麼。人生只有一次，我要生活有一定的水平，要工作，更要快樂的工作，如果要賣命的工作，時間愈短愈好。人生真的不要浪費在這種低品質的生活上，可以接受犧牲目前的生活品質，換取未來更好的生活品質，但是平衡一定要拿捏好，不要現在付出了，卻也沒有多拿多少報酬。也不要現在過度犧牲，最後連健康都賠進去。

變數5》財務自由後的剩餘平均餘命

你愈早離開職場，假設你死亡年齡不變，等於是你有更長的時間需要花費你

之前存下來的資產。假設你可以活到 80 歲，那麼 60 歲退休，意味著你要有 20 年的花費；如果你 40 歲退休，意味著你要有 40 年的花費。40 歲退休的人就得比 60 歲退休的人，多出 1 倍的退休準備金。

所以在你規畫退休時，沒有準備好的人，建議晚一點退休，差幾年就差很多。60 歲退休跟 65 歲退休比起來，60 歲退休的人要準備 20 年的花費，65 歲退休的人多了 5 年的準備期，而且只要準備 15 年的花費，看起來只差 5 年退休，準備起來就差很多。

除了前面幾個問題之外，要不要延後結婚和生小孩也是一個考量點。生一個小孩的年花費約 20 萬元～ 50 萬元，早生的好處是你可以看到你孫子的出現，假設你兒子沒有跟我一樣擺爛不結婚的話，他 35 歲時你應該有孫子可以玩。也就是說，如果你 35 歲生小孩，你 70 歲可以抱到孫子。如果你 45 歲才有小孩，那麼你孫子的長相可能要燒照片才看得到。

我不知道你在不在意這個！我從財務的角度來設算，我會建議財務上不寬裕的人，可以延後結婚跟生小孩，將這筆費用往後挪，這樣可以對你的財務有很大的幫助。

來聊聊我自己的經驗。我今年（2019 年）才離開職場，對投資理財而言，

差異最大的地方在於，沒工作就沒有薪水的現金流進來，理財的資產全部要靠之前儲蓄與投資所累積的資產，日常生活花費也是會讓資產持續流出。之前有工作時，我的收入肯定會超過我的日常支出，我非投資部分的現金流肯定是淨流入，沒工作後就幾乎肯定是淨流出了。

雖然我年花費平均 40 萬元，不算高，和我的總資產約 2,000 多萬元比起來也相對小，但是，只要我每年沒有薪水去 cover 那 40 萬元的支出，我的現金流就是負的。當然我仍然會預期我未來投資的部位會持續增殖，但是，投資報酬率的變數大、波動大，也許可以預期未來 20 年年報酬率 10%，可是實際上是有可能 1 年賺 30%，也可能 1 年賠 30%，而不可能是穩穩的每年都賺10%。

當你還有薪水時，你遇到虧損年度的抗壓性會比較好，你有持續的現金流可以往下攤平，不見得可以攤多少回來，但是至少心理上比較過得去。如果你都沒有薪水入帳，當你的投資部位遇到重大虧損，那個壓力就很大了。我現在就很明顯的感受到，以前可能 1 年虧個 10%～20% 都還覺得無所謂，現在 1年小小虧個 5%，我就覺得壓力大了。

如果你是裸退，就沒有任何收入入帳，你的投資組合必須更穩健，讓大虧的機率減少，也要讓虧損的幅度控制住，30%、50% 的虧損不是一個退休金投資

組合可以承受得了的，因此，你的投資報酬率預估值必須更加保守。

　　所以我也建議，離開正職後，如果你年紀還很輕，工作能力還很強，這社會還有很多地方需要你的貢獻，那麼你應該要考慮繼續做兼差的工作，不見得要做正職的工作，以免綁死自己的時間，像我寫書就可以賺點稿費，其他有機會賺錢的管道也都有考慮。如果你繼續有收入的現金流進來，可以 cover 你部分，甚至全部的年度花費，這樣你的財務壓力會小非常多，也可以讓你的投資組合更積極一點，承受多一點風險，賺取更多的期望報酬率。

人生4大階段 理財任務各有不同

6-4

前面有提到，想要達到財富自由，是一條非常漫長的道路，只有在各個階段都盡力做到最好，才有辦法過上自己想要的生活。下面就來看看我認為在各個年齡層，理想的現金流狀況應該是怎麼樣。

階段1》求學時期（25歲以下）

對於學生，我覺得除了把課業搞好之外，投資報酬率最高的東西是看書，其次是打工。

當我大學開始接觸投資理財，我的想法改變很大。我原本以為，我的未來就是找一份工作，努力往上求升遷，最後大約在 60 歲～ 65 歲退休。但是，當我接觸到投資以後才發現，原來當你資本夠大後，它的複利效果是很恐怖的，很有可能你的被動收入會超過你的上班薪水，提早退休也不是夢。而在我看完理財書的 20 年後，我大概 40 歲時就已經達到財務自由，比我當時的規畫又

提早了不少。所以，我建議學生階段的人多看點投資理財的書，把學校沒教的重要知識都補上。

愈年輕時就懂投資理財愈好，你也可以愈早開始投資，這樣可以愈早經過一個完整的景氣循環，這些經驗都對你很有幫助，而且這時候你錢很少，你有犯錯的空間。光看書你真的很難體會什麼叫大多頭的歡樂場景，跟什麼叫大空頭的地獄感覺。就我自己而言，也真的有很多投資理財觀念是靠經驗得來，看書就算看過一遍，沒經歷過就是沒那個感覺。

看書有時也都覺得書裡面提到的操作手法好像很簡單，真的經歷過大多頭你才知道，高點反轉時根本來不及跑。我在 2000 年、2003 年、2008 年都沒跑掉，只看書沒有實戰真的無法理解，為何空頭來了不跑，因為每次都來不及跑！

除了看書之外，我也很推薦大家去打工。學生時期打工我覺得優點很多，最主要是讓你了解賺錢不容易。學生幾乎都只能打時薪工，低階的工作，你的薪水很低，你那時就應該要知道，如果你沒辦法取得好學歷，有幾個工作專長，你不可能找到薪水高、成長快的好工作，你只能用時間去賺錢，而不是用專業賺錢。這兩種工作差異很大，前者如便利商店員工，時薪 160 元，後者如醫生，時薪可能高達幾千元，甚至上萬元，所以有打工經驗可以讓你開眼界，讓你知

道賺錢不容易,讓你知道公司不好經營等等。

　　雖然工讀賺到的錢不多,但是以時間的複利效果來講,你人生初期的資本比你後期的資本更重要。我記得很清楚,我大學光是當救生員跟教游泳,4 年的薪水全部加起來,賺到的錢大概只有 7 萬元,我幾乎都沒花,但是 20 年(1 年基金+ 19 年股票)10% 的投資報酬率下來,這筆錢現在價值快 50 萬元了,足夠讓我出國超過 15 趟。

　　我還不算是花很多時間打工的人,我相信很多人比我更努力打工,光是大學研究所這幾年,賺到 30 萬元、50 萬元,應該是可能,像我的學長就很厲害,光教個游泳就可以一個暑假賺 10 萬元、20 萬元。你們有沒有算過,你們大學打工的錢都花去哪裡了?如果可以從當時就開始投資,一直到現在,會有多少呢?

階段2》職涯前期(約 25 歲~ 40 歲)

　　脫離學生身分,進入職場後,前 10 年~ 15 年是你薪水跳最快的時候。理論上,你在職涯前 2 年、3 年內就要決定好這輩子的工作是什麼,然後找家好公司進去後,持續累積專業跟資歷。正常來説,資歷增加薪水也會慢慢增加,甚至表現好一點,持續往上升,薪水也會跳更快。

不過，薪資天花板應該差不多 40 歲左右就會見到，愈往上升，後面高階主管的位置更少，你的專業能力、經歷也慢慢被定型了，你這時要跳到其他產業也不太容易了，甚至你要在產業內跳槽也會開始變難。因為公司多數喜歡用年輕的新人，老人比較皮，沒有戰鬥力，很多公司會覺得貴又不好用。

階段3》職涯中末期（約 40 歲～ 60 歲）

當你 40 歲以後，你的薪水已經提高到一定程度，花費也穩定了，應該是人生中存錢最快的時點。你如果早一點生小孩，此時也慢慢不需要幫小孩負擔花費。如果你 40 歲之前沒存到足夠資金，這是你最後機會，如果你到 60 歲還沒有存夠退休金，你大概也沒辦法提早財務自由或退休了，

我覺得這年紀的人有一點很重要，顧好你的健康，因為 40 歲開始已經是中年，人開始老化。如果你 40 歲以前不重視你的健康、沒有運動的習慣、飲食不正常，等你到了這個年紀，你的身體會開始報復你，你的胃可能有毛病、身體肥胖導致糖尿病，以前運動傷害所累積的毛病，可能也得開始逼你去看復健科，健康檢查很容易有「三高」（編按：意指高血壓、高血脂、高血糖）。

也是從這時候開始，你得到癌症的機率開始提高，你的心血管疾病開始出現。因此，我建議，不管工作怎樣忙碌，你一定要保持運動的習慣。以前飲食習慣

差的人，這是你改變的最後機會，並且要 1 年、2 年健檢 1 次。我前公司的長官就是在 50 歲時發現癌症，沒半年就走了。我覺得，如果他不抽菸、飲食正常、有運動的習慣，也許不會這麼早走。

階段4》退休（約 60 歲～ 80 歲）

當你 60 歲時，如果你的錢還沒存夠，千萬不要急著退休，多工作個幾年可以多存不少退休金。60 歲退休的人活到 80 歲，你必須準備 20 年的生活費，65 歲退休的人比 60 歲退休的人多賺 5 年，也只需要準備 15 年的生活費。像我這種 40 歲退休的人，就必須準備 40 年的生活費，聽起來是不是覺得我很吃虧？

當然你要到 60 歲還有能力工作到 65 歲甚至 70 歲以上，你勢必在年輕時有顧好你的身體。不過，不管你是否要繼續工作，甚至只是為了興趣而工作，只要你的身體不健康，剩下的人生也沒什麼意義了。我的目標就是希望我到老了的時候，還有能力可以出國玩，生活也不需要別人或看護照顧。為了這個目標，我現在每天幾乎都去健身房 1.5 小時以上，飲食當然也盡量健康導向。

這一章總結下來的觀念其實很簡單，我認為大家如果可以愈早開始存錢、進行理財，並且循著穩健的投資方法，有毅力的持續下去，多數人都有機會提早

得到財務自由。差一點的可以提早幾年退休，再差一點的至少也可以在退休時存夠退休金，讓你的老年生活更有尊嚴。

我相信財務自由是大家追尋的目標，畢竟人生只有一次，財務自由讓大家可以做自己想做的事，也可以讓自己更開心，只有這樣，你的人生才不枉來這一趟。而且就最終結果而言，財務自由也不是單純的一個夢想，它是實際可以達到的，我就是一個大家可以參考的個案。

第7章

充滿泡沫的市場

從3指標判斷 股市浮現泡沫化疑慮

7-1

雖然前面我已經將有關儲蓄、理財、投資和財務自由的智慧都傾囊相授了，但是，由於投資是一個動態的過程，你的投資決策會受到當下環境的影響，所以大家還是得了解一下目前的投資市場（包括股市、債市、房地產等）的狀況，才能做出相對應的調整。

先來看看股市。投資時絕對要考量整體股市未來可能的風險，因為一旦股市崩盤，即使個股表現得再好也好不到哪裡去。我們可以透過巴菲特指標、本益比（PE ratio）等數據看出，無論是美股或台股，股市目前都已經出現泡沫化的疑慮。

指標1》巴菲特指標：衡量股市的相對位置

巴菲特指標是將股市總市值除以 GNP（國民生產毛額），所算出的比值可以作為判斷目前整體股市位階是偏高或偏低。因為目前總經多用 GDP（國內

生產毛額），此數字比較好取得，所以網路上找到的巴菲特指標的分母不是GNP，而是GDP，但是兩者的邏輯差不多，加上GNP和GDP的數值相差不大，所以參考性應該沒問題，而且我是用同一套數據，不會一下拿GDP比，一下拿GNP比。

基本上，巴菲特指標不是讓你看股市的轉折點，或讓你找到最高點與最低點，而是讓你參考，目前股市是不是在相對高點或相對低點的位置，也可以用來衡量目前金融市場是否有合理反映基本面。一般來說，巴菲特指標用在美股的數值在75%～90%為合理的區間，超過120%則是股市遭到高估。

如果從數字來看，目前（2019年11月18日）美股的巴菲特指標為147.55%，已經達到2000年網路泡沫的歷史高點位（147.3%），這個數值也比2007年12月金融海嘯前的高點（107%）還要高。從美股的巴菲特指標來看，美股就算不確定何時會反轉，也肯定在有泡沫疑慮的位置了（詳見圖1）。

除了美股之外，台股也有巴菲特指標（網站有提供，我們就順便參考一下）。從圖2我們可以發現，台股目前（2019年11月15日）是在相對高檔的位置1萬1,525.6點，而台股的巴菲特指標為192.82%（詳見圖2），也已經比2007年9月金融海嘯前的最高點（179%）還高了。

圖1 美股巴菲特指標達147.55%，代表股市遭高估
——美股巴菲特指標

註：統計時間 1980.01.02 ～ 2019.11.18　　資料來源：財經 M 平方、Wilshire Associates

指標2》本益比：判斷股價昂貴或便宜

　　本益比的公式為「股價（P）除以每股盈餘（EPS）」，是用來判斷股價是便宜或昂貴的指標。如果是用公司過去 4 季的 EPS 計算，因為過去的獲利已經確定，所以算出來的本益比最精確。這種本益比叫做回溯本益比（trailing PE ratio）。但是，股價是反映未來，因此，用未來 4 季的預估獲利來估算 EPS，對股價預測的參考性更高。不過，也因為此種 EPS 是預估值，每個人估算出來

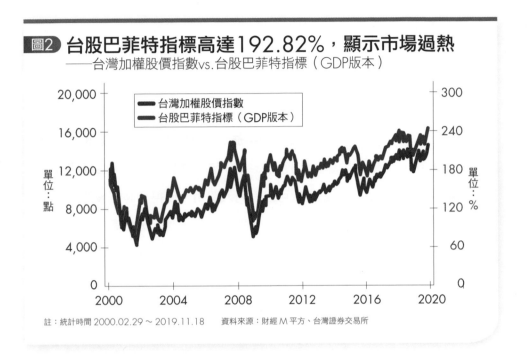

圖2 台股巴菲特指標高達192.82%，顯示市場過熱
——台灣加權股價指數vs.台股巴菲特指標（GDP版本）

註：統計時間 2000.02.29～2019.11.18　　資料來源：財經M平方、台灣證券交易所

的數值會有所不同。預估得愈正確，參考價值就愈高。由於 EPS 的選用方式不同，所以本益比所代表的意義也會跟著不同。因此，當我們用本益比時，記得注意看內文的敘述，應該都會解釋是用哪一個數字去計算 EPS。

　　此外，在計算 EPS 時要小心公司的股本是否有變動。因為台股每年第 3 季會進行除權息，如果是配息，那麼對 EPS 是沒影響，如果公司有配股，那就會稀釋掉獲利。舉例來說，假設 A 公司的 EPS 是 10 元，今年配股 1 元，會導致配

股後股本增加1成。如果公司獲利沒有提升的話，EPS就會降為9.09元。因此，如果你沒有計算到股本的提升，就會高估獲利、低估本益比。

　　我去抓了台股長期大盤本益比來看，但是，我看完感覺參考性有問題，可能會讓你誤會台股現在還很便宜。台股的本益比從1990年代高達30倍～50倍後一路下跌，一直到近幾年的15倍～20倍（詳見圖3）。由於過去台灣的公司如果分紅給員工，該筆金額可以不列入費用，使得當時台股的獲利遭到高估，因此不具參考性，一直到2008年開始施行「員工分紅費用化」後，台股的獲利才比較符合現況，也才具有參考性，卻還是止不住台股整體本益比的下滑。

　　雖然本益比是用來判斷股價是便宜或昂貴的指標，不過，本益比的下滑通常代表市場對其前景看淡。以個股來說，成長性愈低的股票，市場給的本益比就愈低，整體市場本益比也是一樣的看法。1990年代，台灣還在高速成長時，股市評價（指本益比）就高，然而這20年來，台灣經濟停滯，反映在股市就是評價不斷降低。這時候你不能說台股評價降低表示台股愈來愈便宜，而是前景愈來愈看淡才對。

　　由於台積電（2330）占台股的比重偏高，因此，我們就算不看台股整體評價，只看台積電本身的評價來判斷台股目前是便宜或昂貴，也會有參考性。

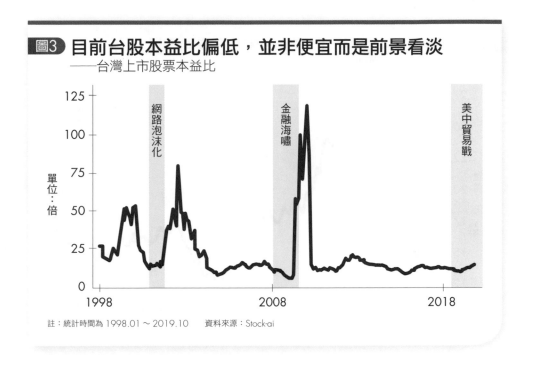

圖3 **目前台股本益比偏低，並非便宜而是前景看淡**
——台灣上市股票本益比

網路泡沫化

金融海嘯

美中貿易戰

單位：倍

1998　　　　　2008　　　　　2018

註：統計時間為 1998.01～2019.10　　資料來源：Stock-ai

2011 年 5 月，台股在 9,000 點時，我用 70 元左右的價格買過台積電，那時候台積電的每股獲利是 5.18 元，本益比為 13.5 倍；隔年（2012 年）EPS 達 6.41 元，本益比算起來會掉到 10.9 倍。

2019 年 11 月，台股在 1 萬 1,600 點左右時，台積電的股價高達 310 元，可是，台積電 2019 年的預估 EPS 只成長到約 13.15 元，本益比約 23.5 倍。如果用明年（2020 年）市場預估的 15.5 元計算，本益比還是高達 20 倍。

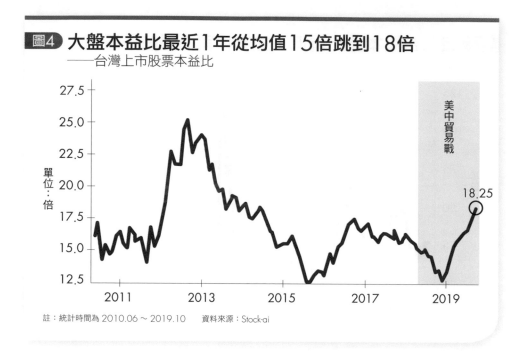

圖4 大盤本益比最近1年從均值15倍跳到18倍

——台灣上市股票本益比

單位：倍

美中貿易戰

18.25

2011　2013　2015　2017　2019

註：統計時間為 2010.06 ～ 2019.10　　資料來源：Stock-ai

以報酬率（含配息）來看，這段期間台積電漲了超過 400%，而台股就算加回配息也頂多漲了 80%。

以本益比來看，其實這 10 年（2011 年～ 2019 年）加權指數的本益比一直在 15 倍上下，高一點會到 25 倍，最近一年往上跳到 18 倍（詳見圖 4）。但是，2011 年年中時，加權指數的本益比就差不多 15 倍了，即使近一年加權指數的本益比往上跳，也還是 18 倍，漲了 20%，但是，同一時期台積電的

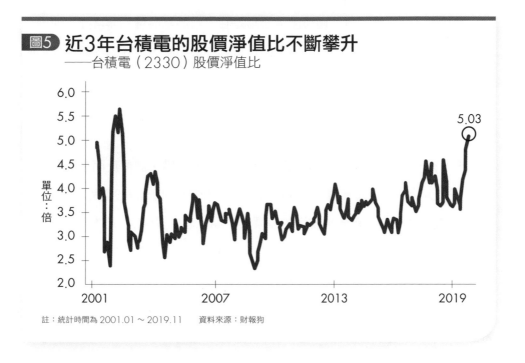

圖5 **近3年台積電的股價淨值比不斷攀升**
──台積電（2330）股價淨值比

註：統計時間為 2001.01 ～ 2019.11　　資料來源：財報狗

本益比可是跳了 80% 左右（參考上面說明），可見台積電評價跟大盤比，變貴很多。

　　如果從股價淨值比（PB Ratio）來看，以往台積電的最低點接近 2.5 倍以下（2001 年和 2008 年），2009 年～ 2016 年都在 3 倍～ 4 倍之間，但是，最近 3 年（2017 年～ 2019 年）卻一直往上，跳升到 5 倍以上，可見台積電的評價（指股價淨值比）真的比過去高了不少（詳見圖 5）。

而且投資人要注意，景氣循環產業通常是在景氣高點時獲利非常好，使得評價（指本益比）在低點，但是台積電卻是獲利在最高點，現在的評價也在最高點。那麼是不是有可能，台積電因為競爭力超強，而且無法被取代，所以評價持續提升？還是台積電太貴了？

我來補充一個個案說明，景氣循環產業在景氣高點時，評價反而在最低點的案例。2007 年，面板產業龍頭友達（2409）獲利為 7.22 元，股價約在 50 元～60 元，當時我們長官就覺得友達的股價很委屈，起碼要 100 元才合理。因為當年實際的 EPS 只有 7.22 元，但是，原本預估的 EPS 可是高達 10 元，所以用未來預估的 EPS 計算，評價只有 5 倍～6 倍，非常便宜。但是，後面的發展各位投資人也都知道了，在景氣反轉往下之後，從 2011 年開始，友達的股價都在 10 元～20 元左右，本益比也沒低於 5 倍過，平均本益比都在 10 倍以上。

回到前面案例，我也不能說台積電評價上漲跟市場對它的評價提升完全沒有關係，但是我個人是認為，台積電評價的提升，很多因素就是泡沫成分，萬一景氣反轉向下，台積電的獲利、本益比和股價淨值比都下修，股價就會有很大的負面影響。因為台股中台積電的占比偏高，所以也會有很大的修正幅度。

1999 年年底，台股市值約新台幣 11 兆 8,000 億元。我找到 1999 年 9 月，

《今周刊》的一篇文章，裡面提到當時台積電的市值剛突破新台幣 1 兆元，約占台股比重 8.5%。現在（2019.11.15），台股市值來到 34 兆 9,135 億元，台積電的市值為 8 兆 1,162 億元，約占台股市值的 23.2%，未來台積電占台股的比重繼續往 30%，甚至是 40% 提高，也是有可能。當台積電占台股的比重愈來愈大時，等於你投資台股就是主要在投資台積電。

但是，大家必須要了解一點，就理論而言，台積電是景氣循環產業，是製造業。由於製造業有龐大的設備投資，因此與軟體業、IC 設計等靠人力的產業相比，它的股價淨值比會較低。而且景氣循環產業在景氣高點時的 EPS 會很高，讓投資人感覺本益比低，而台積電占台股比重高，因此它的景氣循環特性也可能在景氣高點時，拉低了台股的本益比。

然而實際上，台積電對台股評價的影響很混雜。假設因為台積電的產業特性，所以當它占台股的比重提高後，台股就會看起來比以前便宜。但是，台積電的評價也同步往上大漲，在這一上（台積電評價上升讓台股本益比上升）、一下（台積電占比提高讓台股本益比、股價淨值比下降）的影響性下，你會看到雖然台股指數持續往上，但是，這幾年台股評價是穩定在 12.5 倍～ 17.5 倍，一直到最近一段台股又繼續大漲，才稍微把台股評價拉升到高檔的 18 倍。所以我才建議，如果要看現在台股貴不貴，不要去看台股的整體本益比，看台積電的評價可能更有參考性。

　　另外，前面提到，我認為台股本益比的參考性會有一點問題，還不如光看台積電的本益比和股價淨值比，但是，其實還有一個更好的全球股市評價參考指標，那就是美股。

　　與台股相比，由於美股的市值占全球股市的 4 成，市值相比其他股市還大，產業也相比台股更多元，而且美股有很長期的資料可以參考，因此，我認為可以用美股來判斷全球股市是否泡沫。

　　以 S&P 500 指數的本益比來看，如果光看過去 4 季獲利來計算的回溯本益比（trailing PE ratio），美股目前（2019 年 11 月）約 23.07 倍，過去的平均本益比約 15.77 倍，過去的中位數約 14.79 倍，最低值是 1917 年 12 月的 5.31 倍，最高值是 2009 年 5 月的 123.73 倍（詳見圖 6）。

　　從圖 6 可以看出，過去 100 多年來美股的短期高點，本益比會超過 20 倍。其中更有兩段時期本益比大幅高於 20 倍，一個是 2000 年網路泡沫的 30 倍～35 倍（2000 年後期本益比有飆升到近 45 倍，不過那是因為網路泡沫後企業獲利大幅下降，所以本益比又上升，我們先不參考這段衰退期的本益比）。

　　另一個是 2008 年金融海嘯的 60 倍以上，不過，金融海嘯當時的本益比大幅攀升也是因為企業獲利大幅下降，導致在股價崩盤下，本益比算起來卻超高

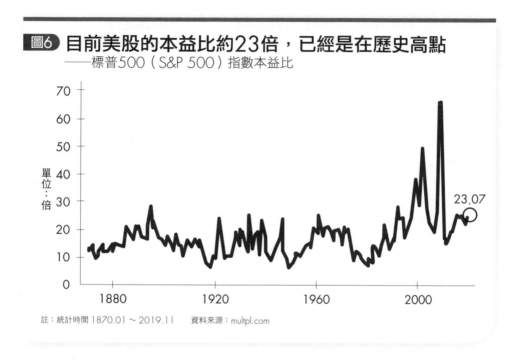

圖6 目前美股的本益比約23倍，已經是在歷史高點
——標普500（S&P 500）指數本益比

註：統計時間 1870.01 ～ 2019.11　　資料來源：multpl.com

的奇怪現象。如果我們參考 2007 年左右，獲利比較正常時的本益比，也是在 20 倍左右。這樣算下來，扣除上面兩個個案，目前（2019 年 11 月）S&P 500 指數的本益比 23.07 倍，已經是歷史高點。

　　雖然美股最近 3 年（2017 年～ 2019 年）的本益比已經在高檔，但是，其實這個數值還是被低估了，因為美股整體EPS被下列兩種非常續性因素提升了，不然本益比還會更高不少。

因素1》2017年年底美國通過減稅（2018年實施）

美國這次減稅最大的好處是企業稅由原先 4 個級距（最高為 35%），降為單一稅率 21%，當時市場預估，美國公司利潤將因此大幅提升。摩根大通（JPMorgan Chase）評估，稅收法案有助於 S&P 500 指數的成分股，EPS 在 2018 年成長 10 美元，這算是很大的貢獻。以 2019 年 6 月的最新數字來看，S&P 500 指數的 EPS 為 135 美元左右（詳見圖 7）。

因素2》美國企業大買庫藏股

最近 5 年（2015 年～ 2019 年），美國企業大幅買回庫藏股，也大幅提升了 EPS，例如：蘋果（Apple）就每年回購庫藏股而提升了 4% 的 EPS，富國銀行（WFC）更可以 1 年買 9% 的持股，提升 9% 的 EPS。

但是，庫藏股買回不是只有好事而沒有壞事，企業寶貴的資金買在歷史高點的評價，一來減損現金，提升負債比重；二來庫藏股的價格偏高，萬一以後股票價格下滑，會犧牲到股東的權益。

參考 2010 年金融海嘯後企業獲利恢復正常，S&P 500 指數的 EPS 就大概在 100 美元，這 3 年又持續跳升到 135 美元。如果你扣除減稅、庫藏股，也可以發現美股的股價提升不是本業獲利帶動，而是庫藏股與評價提升帶動了很大一部分的股價。

圖7 S&P 500指數EPS，3年內從100美元跳到135美元
——標普500指數（S&P 500）的EPS

單位：美元

135.6

註：1. 標普500指數（S&P 500）的EPS是將12個月的實際EPS扣除通貨膨脹因素後，以2019年9月的數值當定值美元；
2. 統計時間 1870.01 ~ 2019.06
資料來源：multpl.com

如果未來景氣轉差，企業保留現金不繼續施行庫藏股，美國也不太有能力再繼續為企業減稅，那麼 EPS 就可能持平不成長，甚至開始衰退。

指標3》席勒本益比

前面提到的一般本益比多是採用過去 1 年的 EPS 來計算，但是席勒本益比（Shiller PE Ratio）的 EPS 卻是採 10 年為 1 週期的平均 EPS，而且必須經過

通膨與季節性因素的調整。與一般本益比相比，我更喜歡參考席勒本益比，因為它平滑了 EPS，所以我們不會被景氣高點虛高的 EPS 誤導，也不會被景氣低點時企業遠較一般情況差的獲利而影響本益比的估算。

目前（2019 年 11 月）美國的席勒本益比為 30.34 倍，歷史平均值約 16.67 倍，歷史中位數約 15.76 倍，最低值是 1920 年 12 月的 4.78 倍，最高值是 1999 年 12 月網路泡沫的 44.19 倍。也就是說，現在的美股評價與歷史平均值跟中位數相比，都幾乎多了 1 倍（詳見圖 8）。

從圖 8 可以看出，歷史上只有兩段期間的席勒本益比數值超過現在：一個是 1923 年～ 1929 年的股市泡沫（後面泡沫破裂導致 1929 年～ 1933 年經濟大蕭條），一個是 2000 年網路泡沫，任何人看到這張圖總該要小心謹慎吧。

不過，無論是一般本益比或席勒本益比，這種數值圖的問題點是它可以給你一個參考，讓你知道現在股市相對歷史而言是貴還是便宜，但是它不保證昂貴的市場不會繼續變昂貴，便宜的市場不會繼續變便宜。

此外，你也不能拿這張圖來猜指數的高低點，參考性很低，也不好抓時點，因為這是張時序在 100 年以上的數值圖，圖上一點點的時間誤差就可能是好幾年，你總不能說現在看似要反轉了，結果反轉是 1 年、2 年後才到。因此，

圖8 美國席勒本益比為30.34倍，正處於相對高點
——標普500（S&P 500）指數的席勒本益比

註：統計時間 1870.01～2019.11　資料來源：multpl.com

這種預估對多數人來講沒有多大價值，因為多數人投資的時間維度可能只有幾個月，頂多幾季，沒有法人會拿幾年的維度來做投資決策的。散戶可能看更短，只看幾週甚至幾天，你跟他說未來 3 年內股市會崩盤，這種資訊沒有意義。

　　從前面敘述可以看出，不管是從巴菲特指標來看，或透過本益比、台積電的本益比、股價淨值比和席勒本益比來評估，股市目前都是屬於相對高的位階。就常理來說，一個景氣循環通常是 6 年～ 10 年，股市又是景氣的領先指標，時間點上差異不大，但是股市會領先景氣到頂與觸底。

圖9 全球製造業PMI指數，從2018年開始下跌
──全球製造業PMI指數

註：統計時間 2011.01 ～ 2019.11　　資料來源：J. P. Morgan、IHS Markit

　　過去美股歷史上最長的多頭是 1990 年～ 2000 年，約 9 年半的多頭，這次美股從 2009 年 3 月起算的話，多頭已經長達 10 年又 8 個月了（截至 2019 年 11 月），已經刷新歷史紀錄，隨時都有景氣反轉的可能。

　　目前全球總體經濟已經往下，以最重要的全球製造業採購經理人指數（PMI）來看，已經往下一陣子，雖然近期反彈一些，但是也還是低於 50（詳見圖 9）。此外，美國 ISM 製造業採購經理人指數已經從 2018 年 8 月的 60.8，來到

圖⑩ 美國ISM製造業採購經理人指數從2018年底下滑
—— 美國ISM製造業採購經理人指數

註：統計時間 2015.07 ～ 2019.10　　資料來源：XQ 全球贏家

2019 年 10 月的 48.3，低於景氣榮枯線 50（詳見圖 10），但是，因為全球央行持續的寬鬆，讓熱錢持續充滿市場，使得股市跌不下來。

　我們目前等於是在景氣的末段投資，雖然還很難判斷景氣何時會走到底，何時股市會開始修正下跌。可是，就投資人的角度而言，音樂沒停，大家還是必須要繼續跳舞。不過，在風險已經不低的情況下，我們總得要開始降低持股風險了吧。

整體而言，如果我們從評價來看，股市確實有泡沫成分了，雖然我們不能因為評價在高點或台股、美股處於歷史高點，就認為會馬上走空，但是，居高思危的想法是一定要有。

除了股市之外，目前債市也處於泡沫的情況。目前全球收益率為負的政府債券，規模已經飆升至創紀錄的新高。根據德意志銀行的數據顯示，目前全球約有 15 兆美元的政府債券收益率為負值，占全球所有政府債券比率高達 25%。與 2018 年 10 月的數據相比，幾乎增長了 2 倍（詳見圖 11）。

債券負利率表示你如果持有該筆債券至債券到期日，你絕對是穩虧的。假設是 1 檔配息 0% 的債券，你現在買 100 元，1 年後到期拿回 100 元，沒有利息；假設是 1 檔利率 -1% 的債券，你現在要花 101 元買，1 年後到期拿回 100 元，你還虧 1 元。

上面講的個案還是名目負利率，我們在第 4 章有講過，目前很多國家與地區實質利率已經為負利率，表示算入通膨率的債券負利率比名目看起來更嚴重。有幾個有意思的個案可以拿出來講一下，說明近年債市有多麼非理性。

案例1》阿根廷的百年公債

2017 年阿根廷發行百年公債，募資 27 億 5,000 萬美元，發債利率原定

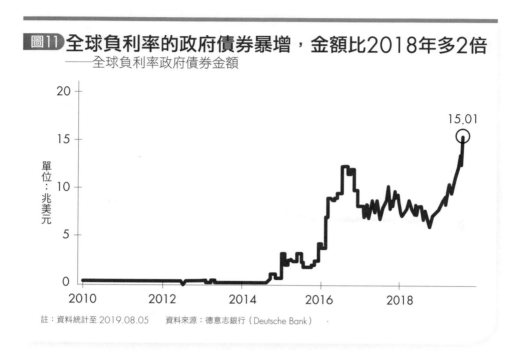

圖11 全球負利率的政府債券暴增，金額比2018年多2倍
——全球負利率政府債券金額

15.01

單位：兆美元

註：資料統計至 2019.08.05　資料來源：德意志銀行（Deutsche Bank）

8.25%，結果因為太多人想要認購，所以最終利率定在7.9%。

　　1820 年開始，阿根廷一共倒債過 8 次，雖然阿根廷並不是歷史上賴帳次數最多的政府（厄瓜多和委內瑞拉各有 10 次賴帳），但是也算得上賴帳最多的政府之一。阿根廷最近一次債務違約事件發生在 2014 年 7 月 30 日，當時政府宣布將不再償還價值 200 億美元的政府債務。阿根廷政府那麼會賴帳，結果 2017 年賣出的百年公債竟然還被眾人強烈認購，不覺得很扯嗎？

圖12 阿根廷受政治因素干擾，9年期公債殖利率飆到50%

——阿根廷9年期公債殖利率

註：統計時間為 2018.11.21 ～ 2019.11.21　　資料來源：Stock-ai

　　更何況從今年（2019 年）以來，阿根廷受到政治因素的影響，導致阿根廷貨幣披索兌美元的匯率大貶值（從 2019 年 1 月 1 日的 37.58 貶到 2019 年 11 月 20 日的 69.64），百年債券價格也大幅下滑（從 2017 年 11 月 28 日的 103.65 美分跌到 2019 年 8 月 12 日的 54 美分），而阿根廷的債券殖利率也持續創高，如果是參考比較短期的 9 年期公債，殖利率也從年初的 20% 飆高到 50% 以上（詳見圖 12）。現在來看，2017 年跑去買阿根廷百年公債的人真的不知道在想什麼。

圖13 希臘失業率高居不下，2011年以後都在15%以上
——希臘失業率

註：統計時間為 1998.04～2019.08　　資料來源：Eurostat

案例2》希臘國債

歐債危機期間遭國際債市拒於門外的希臘，在脫離紓困計畫 1 年多以後，於 2019 年 10 月宣布首度發行負殖利率短期公債。

在歐債危機的時候，希臘可是「歐豬五國」（PIIGS，指葡萄牙（Portugal）、義大利（Italy）、愛爾蘭（Ireland）、希臘（Greece）、西班牙（Spain））之首。直到 2018 年情況仍然未改善，希臘國家負債占 GDP 比重高達 180%，比

2011 年歐債風暴時的 172% 還高。此外，希臘的失業率也高居不下，截至 2019 年 8 月仍舊高達 16.7%（詳見圖 13）。

　　從歐債風暴以來，其實希臘的經濟狀況都沒啥改善，這債應該是永遠降不下來了，但是，現在投資人瘋狂買進還不是負利率的歐洲國債，導致連債信有問題的希臘，債券殖利率也變負的了，這種狀況如果你在 2011 年時聽到肯定會覺得非常荒謬。

　　現在買債券比較像是博傻遊戲，沒人會想持有到到期，大家都只想在到期前的高價賣出，只要利率可以繼續負更多，債券價格還有可能會繼續上漲，大家都可以賺到價差，除非你是最後一棒。這就好像是大家在傳一個定時炸彈，時間到會爆炸，但是，你如果去抱一陣子就有錢可賺，最好的情況是你在爆炸前，找到有人願意更高價接你的棒。但是大家都知道，這種遊戲玩到最後，炸彈一定是會在某些人手上爆炸。

7-2 如果房地產泡沫破裂恐造成更大影響

　　就目前情況而言，除了股市、債市的前景岌岌可危之外，房市也有同樣的問題。為什麼要關注房市呢？原因很簡單，因為房地產占整體財富的比重較高，此處不僅僅是指全球房地產資產占全球財富的比重，一般家庭中，房地產占家庭財富的比重也是，數值都偏高，所以，一旦房市泡沫破裂，就會對眾人產生嚴重影響。

中產階級家庭財富過於集中在房地產上

　　先來看幾個數字。全球股市總市值為 80 兆美元（2019 年 6 月數據），全球房地產市值約 280 兆美元（2017 年年底數據），順便參考全球債券約 100 兆美元（2014 年數據）。這些數據都超難找，我已經盡量找最新的資料，來讓大家理解，目的達到就好。

　　從這些數據可以看出，全球房地產市值為全球股市市值的 3 倍以上。一旦房

地產有泡沫，財富效果的影響性更大。舉例來講，假設你的資產中有 1,000 萬元的房地產，300 萬元的股票，當房地產和股票同時上漲 10% 時，房地產上漲對你的影響會大於股票上漲的影響，也就是說，房地產價格上漲更會帶來財富增長的效果。

另外，由於中產階級家庭的資產總數遠不及有錢人來得多，因此，單價高昂的房地產一買，就會占中產階級資產比重的大部分。假如房價下跌，對於中產階級家庭的資產減損就會非常嚴重。

根據波恩大學教授的估算，2008 年金融海嘯發生前，美國富有家庭僅有 30% 的財富在房地產，可是中產階級家庭卻有高達 65% 的財富在房地產，而且多數都背有約當房價 70% 的長期貸款。金融海嘯後到 2010 年年底，房價下跌 2 成，使得中產階級家庭的房地產財富降低 66%，整體財富縮水 42%。相比之下，富有家庭因為投資分散，房地產只占資產的 30%，而且 85% 沒有房屋貸款，所以房價下跌對整體財富的影響不到 1 成。

兩相對照之下可以發現，中產階級家庭的財富過於集中在房地產，並且有高槓桿，是造成中產階級家庭風險控制能力不足的主要原因。

另外，根據近期的統計結果，台灣人平均將家庭淨資產（含負債端）的 40%

投資在房地產。40% 是整體台灣人的統計數字，然而參考前面美國的數字可以知道，有錢人會把這個數字拉得更低，因此預估，台灣中產階級家庭房地產占淨資產比重約為 60%。從這裡也可以看出，台灣中產階級家庭的財富過度集中於房地產。除非這種投資結構有所調整，否則一旦遇到房價下跌就會遇到極高的風險。

了解房市的重要性之後，接著來看目前的房市情況。首先，我們可以觀察各國房地產市值與 GDP（國內生產毛額）的比率，這個指標的原理和巴菲特指標類似。雖然台灣找不到相關數字，但是我們可以參考全球前兩大經濟體美國與中國的數值。

在美國方面，2007 年，美國房地產市值約 25 兆美元，GDP 約 14 兆 4,800 億美元，比值約為 1.72；2018 年美國房地產市值約 33 兆 3,000 億美元，GDP 約 20 兆 5,000 億美元，比值約為 1.62。2019 年 8 月，美國房地產的市值又比 2018 年更高 2%，算起來目前美國房地產與 GDP 的比值，差不多就是 2007 房地產泡沫時的位置。

在中國方面，2018 年中國房地產市值高達人民幣 430 兆元（約合新台幣 1,920 兆元），約是去年（2018 年）GDP 的 5 倍，這個數值讓人感覺就像是 1980 年代的日本。日本在 1980 年房地產泡沫破裂前，房地產總值是

GDP 的 2 倍，後來經濟泡沫爆破，使得 1991 年房價暴跌 7 成，經濟陷入衰退至少 20 年，被稱為「失落的 20 年」。

其次，我們可以觀察各國房價所得比（說明詳見第 2 章）和租金收益率。租金收益率是用 1 年房租租金除以房價計算得來，是用來計算租金的報酬率，數值愈高，表示報酬率愈好。

從表 1 可以看出，2019 年年初，房價所得比前 3 名的國家／地區，分別是香港（49.42 倍）、中國（29.09 倍）和台灣（28.91 倍）。三者數值都極高，表示買房子對家庭負擔極大，即使把家庭可支配所得全部都存起來，想要買房都起碼要花掉 20 年以上的儲蓄。

台灣空閒住宅率達19.3％，顯示房產資源被浪費

此外，從表 1 亦可以發現，香港、中國和台灣市中心的總租金收益率都低於 2%。總租金收益率低表示房價真的太貴了，以至於你買房子收租的投資報酬率只有 1% 多，這還不包含你常常要被房客叫去修東西的時間成本、管理成本。由於房東是收取報酬率的一方，房客是付出房租成本的一方，所以，在總租金收益率這麼低的情況下，房東收租會不划算，反過來就表示，當個房客繳房租是比較划算的。因此，我真的會建議大家買不如租。

表1 香港的房價所得比居冠，數值高達49.42倍
——各國家/地區房價所得比

排名	國家/地區	房價所得比（倍）	總租金收益率（市中心）（%）	總租金收益率（市中心外）（%）
1	香港	49.42	1.84	1.86
2	中國	29.09	1.83	2.01
3	台灣	28.91	1.97	2.38
4	斯里蘭卡	26.32	3.41	3.25
5	尼泊爾	25.15	2.38	2.87
6	泰國	21.94	3.52	3.66
7	菲律賓	21.83	3.51	3.74
8	新加坡	21.56	2.37	2.70
9	阿爾及利亞	21.22	2.71	3.02
10	越南	19.66	4.45	5.76

註：此處房價所得比的定義是「90平方米房價中位數÷家庭可支配所得中位數」，所以數字算出來的房價所得比會比一般用家庭收入當分母者更高，實際上也更有參考性，畢竟家庭不可能不吃、不喝、不花
資料來源：Numbeo

　　空閒住宅是指無人經常居住且未供其他用途（例如出租）的住宅，也就是俗稱的空屋。國外正常的空閒住宅率約 3% ～ 5%，台灣高達 19.3%，是很極端的情況（詳見圖1）。

　　空屋就表示資源的無效利用或浪費，主要原因有兩個：一是房貸利率很低、二是持有稅負很低。由於空屋的持有成本低，因此才會讓屋主有恃無恐的空下

去。雖然最近民間有聲音希望開徵囤房稅，但是兩大黨跟立委很多都是房地產大戶，感覺調升困難重重。

　　除了前述這些情形之外，台灣房地產未來還要面對少子化的大利空。試想，現在的家庭很多都只生一個小孩了，這個小孩以後可能可以繼承爺爺奶奶、外公外婆兩邊各一棟房子，這樣到時候他不但已經滿足居住需求，也還可以賣出1 戶（假設不出租）。

　　當然這個個案的推理有點簡化，但是，少子化會讓以後中年成家的買屋需求下降，甚至可能讓一堆的獨生子賣屋需求增加，對整體房市的供需就會有不利的影響。一旦供給超過需求太多，價格亦有可能會崩跌。

　　整體而言，台灣經濟成長趨緩、薪資成長停滯、房價所得比在高點、租金收益率在低點，未來還有少子化的風險，加上空屋率高達 19.3%，房屋稅以後因為政府財政赤字會持續上調，每一點都對未來的房地產市場有不小的負面影響。

　　如果大家可以改變房子只漲不跌的錯誤想法，從房地產的實質需求來思考，從房地產的租金投資報酬率來思考，你們應該要知道，目前投資房地產的投資報酬率跟未來預期投資報酬率可能都不會好，甚至我還悲觀的認為，台灣房地

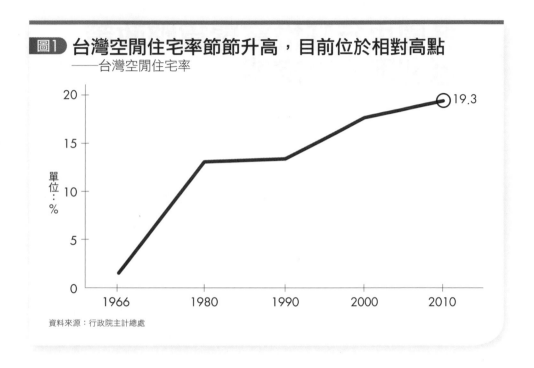

圖1 台灣空閒住宅率節節升高，目前位於相對高點
——台灣空閒住宅率

資料來源：行政院主計總處

產市場的報酬率會是負的，未來 10 年、20 年的房價，跌個 3 成、5 成都不是不可能。

　　其實不只是台灣，基本上全球的房地產都是處於泡沫價格，在此情形下，投資人的資金前進房地產會有不小的風險。所以我建議，如果可以的話，還沒買房的人可以租房，持有太多房地產的人可以只留自住房，而迫於家人壓力非買不可的人可以先買小一點的房子，至少總價較低，你房地產的曝險也會低一點。

各國央行狂推寬鬆貨幣政策 7-3 低利率成為常態

　　從前面 2 節可以看出，目前不管是股市、債市或房市都處於泡沫破裂的邊緣。而除了股市、債市、房市會出現危機之外，各國的利率也愈來愈低，甚至出現負利率的情況。

　　基準利率是所有風險資產的標竿，當通貨膨脹（簡稱通膨）很高的時候，債券殖利率也會跟著提高，股票殖利率也會拉高。因為當存款利率 10% 時，大家不需要冒任何風險就有 10% 的名目報酬利率，此時債券勢必要拉高利率，例如：將利率拉高到 12% ～ 15%，才能吸引投資人，才有人願意買債券。

低利率導致風險資產的評價大幅提升

　　而股票的風險又比債券高，所要求的殖利率又更高，此時可能需要 15% 以上才能吸引到投資人。由於殖利率的倒數就是本益比（殖利率是現金股利／股價，本益比是股價／ EPS，但是公司獲利在配息時不會全配，所以我們可以用

EPS ／股價，也就是本益比倒數當成股票的殖利率來比較），表示此時股票的本益比可能要低到 5 倍～ 8 倍才會有人願意買。

上面是一般高利率時代會出現的正常情況，然而目前（2019 年 11 月）市場的情況剛好跟上面例子相反，全球多數國家的基準利率持續往下調，甚至可以調到變負值。因為負值不好計算合理價格，我們先假設基準利率低到剩 1%，此時債券利率只要有 2%～ 3% 就會有人買，股票殖利率 4%～ 5% 就會有人買。

以股票而言，股票殖利率 4%～ 5% 表示本益比約 20 ～ 25 倍，如果利率再往下走，甚至降到 0%，從數學式來看，殖利率 × 本益比＝ 1，如果殖利率接近 0%，因為本益比的分母（獲利）不會動，所以本益比的分子（價格）真的可以拉到非常大。如果你殖利率 1% 的股票都可以接受，那表示股票的本益比高達 100 倍了，現在台股的本益比才 20 倍，要漲到 100 倍表示大盤要再漲 400%，從這個邏輯就知道，低利率是各種資產泡沫的根源，然後利率如果一直低下去，這資產泡沫還可以繼續往上吹大，而且泡沫再怎麼大，在低利率下似乎都合理了。

此外，就債券來講，到期日愈長，票面利率愈低，受到利率波動的影響就愈大。最近有個奧地利百年債券，不到 1 年總報酬率漲了快 100%，這個報酬率已經遠高於多數股票了（詳見圖 1）。

　　這邊舉例說明一下，低票面利率債券會受殖利率波動的影響，並且用永續（不到期）債券來簡化，因為百年債券很接近永續債券了。假設永續債券的殖利率從 10% 跌到 5%，面額 100 元、配息 10 元，市價會漲到 200 元；假設永續債券從 20% 殖利率跌到 15%，面額 100 元，配息 20 元，市價會漲到 133 元。有沒有發現一樣殖利率掉 5%，原本的利率愈低，影響性愈大，當殖利率從 2% 跌到 1%，這 1% 的變動就會讓債券市價漲 100% 了。

　　從前述兩個債券和股票的例子來看，當利率愈接近 0%，甚至負數時，將使得各種資產評價繼續上升，而且波動變大。這就是寬鬆貨幣政策讓利率降低後，熱錢為了追求報酬率，不斷推高評價的邏輯。

　　在低利率的情況下，資產的高評價相對合理了，這時候投資人面對的風險是未來通膨發生的可能又會再度提升，進而帶動利率再度提升。當央行瘋狂的撒錢，理論上，貨幣價值就會持續降低，就等於是利用通膨侵蝕掉貨幣價值。

　　除了央行貨幣政策的影響之外，其實全世界政府早就已經負債累累，加上各國還有各種退休基金等非常龐大的隱性負債，這些隱性負債最後又會是政府來承擔。當這些基金收支不平時，政府會注資拯救，也就等於是發行新貨幣，到時候也會帶動貨幣貶值。當貨幣持續貶值時，如果投資人的資產只有貨幣而已，沒有加以投資獲取高一點的投資報酬率，那麼你的實質購買力就會持續縮水。

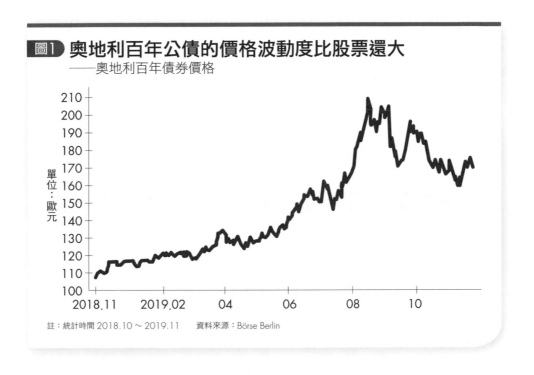

圖1 **奧地利百年公債的價格波動度比股票還大**
—— 奧地利百年債券價格

單位：歐元

註：統計時間 2018.10 ～ 2019.11　　資料來源：Börse Berlin

負利率大概是 2014 年才出現，學術上，針對負利率的研究還不夠多。如果利率從低利率變成負利率，有些效應是跟從高利率降到低利率一樣，例如：債券價格會繼續上漲，正報酬率的資產，像是股票、房地產，也會跟著水漲船高。但是，有些效應是正利率時不會見到，例如：原本存錢在銀行可以收到利息，負利率時存錢在銀行變成要付給銀行利息。

而負利率對於保險公司跟退休基金來說，更是一場災難。保險公司跟退休基

金都是先收費，等資產長期增值來因應未來的支出，然而，在負利率的情況下，假設沒有通膨，現在收費 100 元，可能 30 年後實質保障還縮水成 70 元，這樣完全打亂了保險跟退休金的精神。此外，負利率也會打亂公司的作業流程，以前大家會希望晚一點付款，但是現在會變成早一點付款，有應收帳款的公司現在會希望客戶晚一點付款而不是早一點付款。

負利率並沒有刺激消費，反而造成了恐慌性儲蓄

我們再從經濟學角度去看負利率：1. 華爾街投資巨擘霍華・馬克斯（Howard Marks）在 2019 年 11 月最新的備忘錄中提到，負利率發出的悲觀訊號，讓央行持續壓低利率的政策，實際上是帶來收縮效應而非擴張效應；2.《紐約時報》在 2019 年 9 月的報導中提到，日本的負利率政策可能適得其反，實際上是降低了通膨預期，而不是原本央行期待的提升通膨預期；3. 歐洲的資料也顯示，負利率並沒有刺激消費者借錢與消費，反而讓陷入緊張情緒的消費者正在增加儲蓄；4. 歐盟統計局（Eurostat）的報告顯示，2018 年第 4 季歐元區的家庭儲蓄率達到 3 年來的高點 12.3%。

在負利率的情況下，學術界的財務模型很多時候也不能用了，因為以往都是假設正利率，用零利率或負利率計算合理價格，可能會出現無限高的價格，這表示那個模型似乎失效了。

從前述情況可知，在低利率甚至負利率的時代，我們的投資理財面對的是之前人類歷史沒見過的情況。這次在景氣末段想要保持低風險，又要能抵抗通膨風險，就變成非常困難，很多人會去冒更大的風險尋求較高的報酬率，我個人還是認為風險要控管好。

「這次不一樣。」這常常是泡沫時代讓投資人虧掉最多錢的一句話，每次只要泡沫出現，大家都會找個解釋，說這次不一樣，這次不是泡沫。1970 年代，大家覺得只要買進藍籌股（指績優的大型公司）就對了，不管評價一直買上去，最後「漂亮 50（Nifty Fifty）」的股票全部大跌，甚至很多公司後來還下市了。2000 年時，網路公司根本不需要有獲利，只需要點擊率，當時大家認為投資的準則已經永久改變。最後網路泡沫崩盤，股票還是又回歸了價值投資。

現在是負利率的年代，大家開始說因為利率超低甚至負利率，所以資產的價格可以無限上升。這次是不是又是「這次不一樣」在發威了？我覺得非常有可能。樹不會長到天上，泡沫也不會無限擴張，但是，這個泡沫何時會破裂，只有神才知道！

對應資產泡沫與寬鬆貨幣政策 要降低風險與提高抗通膨能力

前面提到，我們如今處在眾多泡沫的包圍之下，但是我相信，許多人對於什麼是泡沫還不是很了解，因此，下面我會先說明一些與資產泡沫有關的觀念，接著我會告訴大家目前市場的現況，以及在泡沫末期，資產應該要如何配置。

資產泡沫其實沒有明確的定義，一般而言，我們會把資產價格超過合理價格太多時稱為泡沫。每個資產的合理價格有不同的判斷法，股票、債券和房地產都有現金流可以估算合理價格，但是不孳息的資產與商品，例如：黃金、比特幣、原油等，會比較難判斷合理價格。

泡沫破裂的真正時間點不容易判斷

雖然這些商品的合理價格無法透過現金流來進行判斷，但是可以參考客觀的歷史評價、資產占 GDP（國內生產毛額）比重等指標來判斷。此外，原油、銅等商品，還可以依據其價值來判斷。話雖如此，不過，實際判斷上也沒有那麼

圖1 油價區間介於低點30美元到高點150美元
——以布蘭特原油為例

單位：美元／桶

註：統計時間 2000.10 ～ 2019.11　　資料來源：IFC Markets

容易。從歷史經驗得知，原物料商品有可能因為供需小幅波動就引發價格的大幅波動，例如：原油、黃金近 15 年價格波動就很大（詳見圖 1、圖 2）。

　　2000 年網路泡沫，2007 年美國房地產泡沫，你現在判斷起來輕而易舉，但是，你在事件發生的當下是非常難判斷的。市場永遠有多空兩種聲音，而且兩造的分析都各有其道理，如果你沒有自己下場交易，只依靠歷史資訊馬後炮來看，當然會覺得簡單。

現在的股市也是遇到這樣的情況，有人說是泡沫，有人說不是泡沫，如果泡沫那麼容易判斷也不會有泡沫了啊！假設大家都知道那是泡沫然後不買，甚至賣出，這樣資產價格就消風了，哪裡還有泡沫？

偶爾會有人講，「某某某應該不是泡沫，不然怎麼還不爆？」這句話邏輯上就有問題了，有泡沫就一定會爆，但是還沒爆也不表示它不是泡沫，因為泡沫有可能持續好幾年。像是日本 1980 年代的泡沫榮景就持續很多年，2000 年網路泡沫持續了 3 年，2007 年美國房地產泡沫也持續 1 年～ 2 年以上。

泡沫之所以可以成為泡沫，當然是需要吹氣吹很久啊，不然怎麼吹大？這個時間性又造成了泡沫很難判斷跟避開，通常能不被泡沫破裂影響的人，都是從頭到尾不參與的人，有參與的人多數都會跟著它樓起、跟著它樓塌。能夠賣在高點然後全身而退，沒有再進場的人非常少，有更多人是賣在高點後，看到下跌又衝進去的。

此外，等到泡沫破裂你再說那是泡沫，有意義嗎？泡沫就是要提前發現並且避開才有意義，等到泡沫破裂，影響性都已經造成且也很難補救，你就算跟大家一樣事後睿智的說那是泡沫，意義不大了。你一定會想說，我早知道就不要這麼貪心，想賺到最後 1 元，但是沒用，風險的控制如果一開始沒做好，事後是沒救的。

圖2 **金價從250美元漲到1900美元，目前約1500美元**
──黃金價格波動度

註：統計時間 2000.09 ～ 2019.11　　資料來源：IFC Markets

　　評估泡沫還有一點很難，因為評價會變動。以房地產跟股市這兩種資產來講，歷史上長期價格都是一直往上走的狀況，雖然短期有波動，也常常崩盤，但是你把線圖拉長就是一直往上的感覺，都會隨著經濟成長而持續向上，有時候短期會有泡沫，但是長期的現金流成長就可以持續提高資產的價值。

　　假設現在價格有輕微泡沫，只要價格持平幾年，現金流持續成長，評價就又會恢復合理。舉例來說，某個股票本益比是 20 倍，股價 20 元，EPS 是 1 元，

離歷史評價 15 倍有點偏高。但是,如果幾年後公司獲利提升,EPS 從 1 元提升到 1.3 元,那麼本益比就又回到約 15 倍(20 元 ÷1.3 元)了,你就不能說股價 20 元有泡沫了。

雖然股市長期向上,但是買在高點風險也不低

可是,這裡會有一個陷阱,長期股市確實是持續往上,但是,我們活著的期間才是最重要的時間。回顧美股的歷史,當股市到達高點之後崩盤,可能花了 10 年、20 年才回到原本高點。假設你就那麼衰,那 10 年、20 年就是你投資的黃金時間,你還沒等到指數漲回來,或創新高就死了,後來的數字就算繼續創新高,對你來說有意義嗎?你不覺得避開泡沫還是有一定重要性嗎?你怎麼不覺得你就有可能那麼衰呢?

美國道瓊工業平均指數從 1929 年 8 月的高點 5,600 點下來以後,到 1959 年 10 月才又回到 1929 年的高點,整整花了 30 年的時間。假設你是 1929 年買在最高點的投資人,你覺得你有時間等到它回到買點嗎?再來,1966 年美國道瓊工業平均指數高點 7,900 點,你如果又買在最高點,那你也必須等到 1995 年才能解套,又是 30 年。後面 2000 年也是差不多,如果投資人買在高點 1 萬 6,600 點,也是要熬到 2013 年才解套(詳見圖 3),也經歷了 13 年啊。

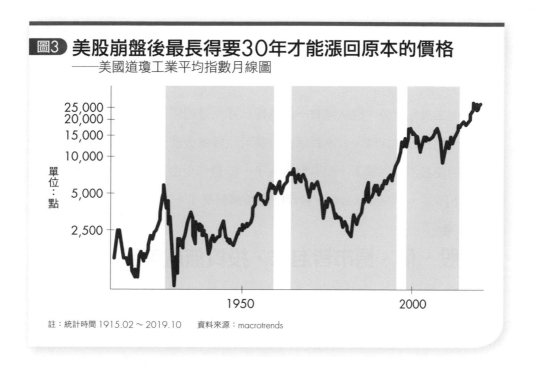

圖3 美股崩盤後最長得要30年才能漲回原本的價格
—— 美國道瓊工業平均指數月線圖

單位：點

25,000
20,000
15,000
10,000

5,000

2,500

1950　　　　　　2000

註：統計時間 1915.02 ～ 2019.10　　資料來源：macrotrends

　　我最近見過不少人老是以為 2008 的經驗可以重複，當時只有崩了 1 年，而且 2009 年就全部漲回來了，萬一下一次就是像美股這種要很久才能漲回來的個案呢？

　　再來，主被動投資對泡沫的態度也有差，被動投資不用管資產是否泡沫，他們抱上去又抱下來，他們大賺泡沫財，也會跟泡沫一起崩毀。主動投資就是想打敗指數、打敗市場，市場現在風險很高了，我不想冒這個風險。同樣地，後

面的泡沫溢價我也放棄不要了，這是價值觀的選擇，誰對誰錯，後面時間會證明。

除了前面幾點之外，泡沫還有一個特性，那就是個別泡沫容易躲，整體泡沫很難躲。網路股泡沫時，你不買網路股就可以躲掉大部分風險，即使你持有的股票在網路股泡沫影響下，也有點泡沫了，但是你受傷不會太大。網路股可能9成都下市了，你的股票還在，幾年後也都創新高了。

全球股、債、房市皆泡沫，投資無處可躲

前幾年，原油、黃金也都有泡沫，油價衝上每桶 150 美元，黃金衝上每盎司 1,900 美元，最後泡沫破裂都跌得很凶狠，油價跌回每桶 30 美元以下，黃金低點為每盎司 1,000 美元，但是那幾年，你不買油、不買金就影響不到你。此外，最近很熱的比特幣也是泡沫啊，但是，只要你不去碰比特幣，它的漲跌也跟你無關。

不過，如果是很大的資產品項，例如整體股市、整體房市，當這兩個市場整體泡沫，你就很難躲，除非你都不投資股市、房市了。現在泡沫之所以難躲是因為股市、債市和房市這三類全球最大資產類別都泡沫，如果你資產配置是只做多，你沒有任何地方可去。我問你，如果你股市、債市、房市都不買，你還

可以買什麼？只有做多空對沖策略的人，才比較可以找出機會趨吉避凶（本書不介紹主動投資策略，因此不多做説明）。

以前只要有人問我要怎麼投資，我常常會説，就定期定額一直買元大台灣50（0050）就對了，用追蹤市場指數的 ETF 參與台股，可以跟著台股一起上漲。但是，大概從 2014 年、2015 年開始，我發現整個股票市場都是熱錢主導，漲是漲評價不是漲獲利，這樣就有泡沫成分了。再從各項評價指標來看，多數資產也幾乎都達泡沫程度，那麼這些泡沫是怎麼來的？其實是全球央行無節操的貨幣政策導致。

目前全球貨幣寬鬆的程度是有史以來最高，各國央行的資產負債表也是有史以來最龐大，全球的政府負債、企業負債、家庭負債也是歷史最高（詳見圖４）。負債最後都是需要還的，景氣循環就是信用循環，怎麼看都覺得現在已經到了史上最大泡沫的末段了。我認為，如果有史以來最大的泡沫破裂，應該也可以推理成有史以來最大幅度的景氣蕭條，跟最長的不景氣。

如果翻開投資歷史，我還很少見（或是説沒有）泡沫是長期可以軟著陸的，幾乎都是以崩盤結束，因此泡沫崩盤是很難躲開，只要有參與市場的都會「中獎」。多數人對泡沫的想法是我就跟著參與上漲，然後下跌前或下跌時跑掉。在實務上，有參與的人很難跑得掉。

　　既然現在的泡沫很難躲，那我們可以怎麼做呢？有人認為被動投資就是要全球配置，由於美股市值占全球股市 40% ～ 45%，因此，美股比重高當然也配最多，甚至有些人會只配美股。而就目前（2019 年 11 月）情況來看，過去幾年採取這種方法似乎很有效，手上都是美股的人根本是人生勝利組的感覺，不過我認為這有點存續偏差，因為現在美股超強的原因，除了美國本身經濟比其他地區好之外，還有 2018 年大減稅、海外資金回流、企業大買庫藏股等非基本面因子，然而這些都是短期影響，只會讓美股好一陣子。

　　如果你覺得以後美股還會永遠比其他地區好，我是滿存疑的。均值回歸是投資界的地心引力，脫離地心引力是有限度的，就好像樹不會長到天上。我認為全球股市後面的情況有可能是美股回檔跟其他地區一樣走弱，或是其他地區往上走跟上美股。

　　那在如今這種情況下，投資人的資產該怎麼配置呢？如果你是絕對信服被動操作，那麼你應該不去管指數高低點，就幾乎永遠維持一半股票、一半債券的資產比重。但是我個人認為，這次泡沫這麼明顯，又這麼大顆，如果你還要堅持被動操作的話，你可能會冒過大風險。

　　而且這次是股市、債市和房市都一起泡沫，你的資產配置根本沒有達到風險分散的作用。以前股市不好時債市好，各半的配置讓你遇到股市崩盤還有一半

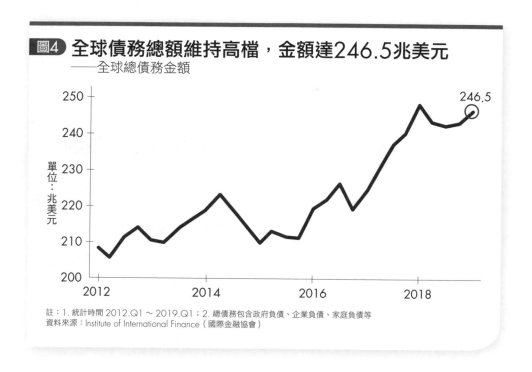

圖4 全球債務總額維持高檔，金額達246.5兆美元
—— 全球總債務金額

註：1. 統計時間 2012.Q1 ～ 2019.Q1；2. 總債務包含政府負債、企業負債、家庭負債等
資料來源：Institute of International Finance（國際金融協會）

是安全的，但是，現在股債齊漲，兩邊都是泡沫，你怎麼配都還是高曝險，再加上市場有可能出現長期負利率，因此，我現在建議散戶的資產配置要考量降低風險與提高抗通膨的能力。

假設極端狀況發生，負利率維持很久，而且負利率幅度還加大，然後股市還不崩盤，你如果風險資產部位太少，可能會錯失風險資產的大漲，也可能讓通膨持續侵蝕購買力。我自己是多空操作，當然沒這個疑慮。不過散戶就不同了，

我之前建議散戶降風險就是直接減少風險部位，要抗通膨就靠黃金這部分的配置，但是，這樣感覺抗通膨能力還不夠，我現在建議可以加買一些安全並且配息的股票。

聰明配置資產，未來 10 年抗通膨又有 5% 獲利

如果考量配息股景氣風險要低，那麼金融股不算，塑化股不算，中鋼（2002）也不算，雖然這些傳產股很多是散戶偏愛，但是，如果遇到油價下跌、景氣反轉、股市系統風險，都還是有股價對折的風險。至於公用事業股則可以考慮一下，大家可以去買一點電信三雄的股票（雖然第 5 章有提到電信股也是有風險的，但是至少風險相對其他股票低），然後最好配息的組合也要分散產業。如果你沒能力挑到好的、安全配息股，那就只買電信股 15% 好了。

結論而言，我目前建議的資產配置是 30% ～ 50% 以下風險資產（股票、債券各半）、10% ～ 20% 安全配息股組合、30% 貨幣基金（現金）、5% ～ 15% 黃金，這樣組合就相對安全、又有一定抗通膨能力，預期未來 10 年報酬率平均約 2% ～ 5%。

後面隨著市場開始崩盤後，可以慢慢的加碼風險資產，我建議參考美股席勒本益比從 30 倍一直往下買到 15 倍，甚至你要評估超跌到 10 倍的機率。而

且每次加碼的比重要低，你不能 1、2 次加碼就把持股部位加到滿，你要有辦法加了 5 次還有很大空間繼續加碼。

除了依據往下跌的幅度來考量加碼的次數之外，你也必須考量時間性，我建議把攤平的時間拉長到 3 年～ 5 年，你要保守到不景氣延續到 5 年，你那時候還有子彈。然後當股票和債券都回到正常價格後，你再買到被動式投資建議的正常配置水位：50% 股票、50% 債券。

這長期下跌的中間會有很多次反彈讓你感覺像多頭，不過千萬別上當，反彈時就停止加碼，等到後續又破底再來繼續加碼。後面的走勢其實也非常難預估，我不認為會像 2008 年金融海嘯般的一波下去，比較可能像日本股市的長期持續下跌，台灣跟全球的做法現在感覺都像日本「失落的 20 年」，因此，我覺得你拿日股的歷史去推演未來可能出現的狀況，就比較好理解也比較可能。

上面講的只是你流動資產的配置，如果你有房地產，又得額外負擔如此龐大資產比重的不動產跌價風險。假設租金收益率從 2% 漲到 4%，就表示房地產可能會有 50% 的跌幅。因此，如果可以的話，我建議在目前高房價的情況下不要買房了，租房子就好。

除了資產泡沫、負利率的影響之外，中美貿易戰也是影響未來資產配置的重

要因素。中國和美國的貿易戰，其實不像美國總統川普（Donald Trump）表面說的那麼單純——中國在貿易上占美國便宜，反而像是「修昔底德陷阱（編按：修昔底德陷阱是指一個新崛起的大國必然要挑戰現存大國，而現存大國也必然會回應這種威脅，這樣戰爭變得不可避免）」。

中國目前是全球第二經濟大國，甚至用購買力平價 GDP（國內生產毛額）來算的話，中國靠著人多，已經是全球第一經濟大國了。照「修昔底德陷阱」的觀念來看，現在正是中國要超越美國成為全球第一大國的轉折點，這期間也許需要 30 年，因此現在表面上是貿易戰，實際上已經是兩強爭霸了。

從經濟學的角度來看，現在美國跟全球貿易戰，美國在封閉自己，中國反而逐漸開放，而且中國經濟的基期還是相對美國來得低，因此，我認為中國的經濟規模遲早會超越美國。然而至今為止，大家理財的歷史都是以美股為主體，如果中國開始占據全球經濟的重要地位，甚至成為全球最大國與經濟體，我們投資的方向勢必也要改變。

如果都不管上面的兩強爭霸的問題，中國經濟也還在偏高速的繼續成長，經濟體量已經大到不可忽視，假設你以後要投資全球，勢必不可能少掉中國投資的板塊。我目前還沒有投資在中國的部位，但是，這波崩盤或回檔後，當中國資本市場愈來愈開放，而且資本市場的秩序愈來愈好、財報愈來愈可信、企業

愈來愈重視股東權益時，我預計自己就會進入中國股市。

就現有情況而言，我是偏空看市場的，雖然我同時也推廣被動式工具（例如：追蹤市場指數的 ETF），然而在現今這個時點，我不太建議完全被動配置（請了解這兩個的差異，前者只是工具，後者是操作策略，然後被動式工具其實可以拿來主動式操作）。

現在市場就只有兩個選擇讓大家選，你可以選擇報酬很低，而且風險也很低的投資工具，例如：定存、貨幣基金；你也可以選報酬較高，但是風險卻高出很多的股票、高收益債。目前就只有這兩種極端，很少有合理報酬搭配合理風險的中間項。就有人會問我，「真的就只有這兩個選擇嗎？」沒錯，就真的是如此，而且這是市場現況，也不是我故意只給你這兩個選項。

對我而言，我是多空持股配置，而且偏空操作，崩盤我一定大賺，不崩盤我也不見得賺不到錢。因為我有能力主動操作跟選股，所以我有信心兩種情況我都可以存活。當然，我會希望結局是前者。如果大家沒有主動操作能力，我建議目前在市場所有資產都是泡沫的狀況下，配置少點風險資產，持有多點低風險資產，再配置一些黃金抗通膨，這樣才能在泡沫破裂時全身而退，這時不要再去多想賺更多報酬率了。

泡沫破裂的可怕
只有親自經歷過才有感

7-5

前面已經告訴大家可以如何在被泡沫包圍的情況下自保，最後我想來聊一聊自己的泡沫經驗。投資股市 19 年來，我經歷過 3 次股市泡沫，分別是 2000 年網路股泡沫、2003 年科技股泡沫和 2008 年房貸泡沫與金融危機。

這 3 段經歷裡我一直是 100% 做多的，但是，2000 年與 2003 年那 2 波泡沫我都沒什麼感覺，一來是我只買傳產股（因此避開了網路跟科技泡沫）；二來是我錢很少（到 2003 年也頂多資產 100 多萬元）。但是，2008 年那一次崩盤我就很有感了，中國有一句話叫「辛辛苦苦幾十年，一夜回到解放前。」很精準地抓到了我當下的感覺跟心情。我從來沒有想過，10 年的投資成功，竟然抵不過一次金融海嘯的失敗。

從那次經驗之後，我就覺得經歷過一次崩盤，有沒有躲掉差異非常大。如果有辦法的話，我在下次泡沫就算沒有完全躲掉，我也想躲掉 1/3 甚至一半。有些人會說沒差啦，參考上次 2008 年的經驗，就算崩盤了，也是 1 年就回升

了。我想反問這些人，憑什麼你覺得下次就跟上次一樣，1 年就可以從谷底回升？如果這次是 3 年、5 年才回升呢？

就算真的可以拗到回升好了，我在崩盤谷底的當下，發現所有資產都跳樓大拍賣，如果買在那個價格後面都是 100% ～ 200% 以上的報酬率。如果當下你沒有現金，你的資產統統套在裡面，你會覺得很痛苦，因為你沒辦法攤平。跳樓的資產價格你沒有辦法大買特買，實務上也許影響有限，你低檔一樣持有一堆風險資產，但是感覺上，心理上就覺得很差，要是我有多的錢可以買，在那個當下一定很爽。

預留現金在崩盤時加碼，更可以加速累積資產

舉例來說，把你的資產從 100 元抱到 20 元，再抱回 100 元，跟你有很多現金，在看到資產剩 20 元的當下加碼買進，然後抱到 100 元大賺 400%，那感覺就不一樣。有了經歷泡沫的經驗，讓我認為我寧願不要賺到最後泡沫財，保留多點現金是比較好的。當然，我沒有說這樣很容易。

2009 年以後的 10 年又是另外一個故事，任何人只要對股市風險有很高警覺，大漲或大跌就賣股票的人，很容易就錯失這 10 年多頭。從頭到尾滿持股，而且回檔就買的人是大贏家。

　　沒經歷過泡沫的高點反轉是無法真的體會那個情境的。我在大學時，投資書把幾百年來的泡沫歷史寫得歷歷在目：荷蘭鬱金香泡沫、英國南海公司泡沫、1930 年代經濟大蕭條等，雖然書上將一切案例都寫得很清楚，但是，我就是無法體會。你會想說，白痴喔，你在高點把股票賣掉不就可以躲掉了？結果，我自己的經驗是，2000 年、2003 年和 2008 年那 3 次反轉，我都來不及反應過來，每次都是崩盤後才後悔，早知道我高點就賣股票就好，現在股票市值剩下一半了。

　　為什麼會這樣呢？因為股票市場是領先指標，當經濟還看不出來不好，股票市場就已經提前反轉了；當經濟數字都出現難看的數字時，股票市場老早就崩盤了。但是，當你處在那個當下，你會想著雖然經濟不好，但是都跌 2 成了，就先抱著吧。

　　然後利空一直出來，甚至像雷曼兄弟事件那麼大的負面消息也出現了，股市再跌 2 成，這時候經濟跟股市幾乎同步一起下來，你根本找不到點出股票，你那時候捨不得把股票賣在這麼低的位置。

　　之後，當股價又跌了 2 成以後，這時候你忽然開竅了，如果股市還會繼續再跌 2 成，那麼為何不現在賣掉，然後再跌 2 成後再買回呢？然後你就賣在金融海嘯最低的 4,000 點、5,000 點了。

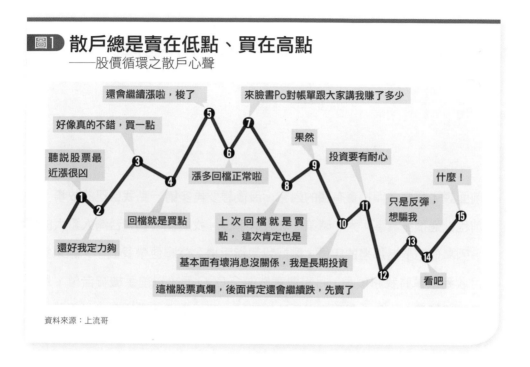

圖1 散戶總是賣在低點、買在高點
——股價循環之散戶心聲

還會繼續漲啦，梭了

來臉書Po對帳單跟大家講我賺了多少

好像真的不錯，買一點

果然

聽説股票最近漲很凶

投資要有耐心

漲多回檔正常啦

什麼！

回檔就是買點

上次回檔就是買點，這次肯定也是

只是反彈，想騙我

還好我定力夠

基本面有壞消息沒關係，我是長期投資

這檔股票真爛，後面肯定還會繼續跌，先賣了

看吧

資料來源：上流哥

　　剛剛寫的這段就是多數人在上一波金融海嘯時的心情轉變，看完你會發現如果你沒經歷過這一段，光是馬後炮的看書介紹崩盤歷史，你就無法了解為何當局者迷，當下都沒發現市場已經泡沫，崩盤後又來不及逃離市場，最後卻在市場真的低點時，大家都感覺世界末日時賣出持股。最後，我補一個散戶經典圖，説明散戶總是比市場慢半拍的情境（詳見圖1）。

後記 上流哥耍蠢與被騙的經驗

前面說了那麼多與投資有關的內容，最後想要再多講一點我自己的故事。我以前也做過很多蠢事，大學時第一次去辦手機，我朋友帶我去台灣大哥大的門市，因為他想要追那邊的店員，剛好我想辦手機，就順便帶我去了。結果第 1 個月收到帳單時我超傻眼，月租費竟然要 2,000 元（以前手機費自付，月租費只有通話量），我才想到在辦手機的時候，我根本忘記選擇多少月租費，然後被那位店員代為勾選月租費 2,000 元的方案。

我那時候也是傻傻的，不知道爭取權益，打電話去客服靠北，一直到收到第一張帳單時才去改成低資費，但是當時第 2 個月的費用已經來不及修改，只能從第 3 個月開始調降費率。

就這樣我繳了 2 個月 2,000 元的月租費，這對於一位學生來講是多大筆的花費，東海的 1.9 元水餃都可以吃到死了。我在猜，那一年台灣大哥大的股東應該也是靠我吃飯的吧！我同學後來有追到那個女生，或許我也有部分的貢獻

吧。當然會做這種事的人，肯定也不是當女友的料，我同學後來很快就把她給甩了。其實我那時候沒有跟我同學講這件事情，可能 10 年後才跟他提起，他聽完後也沒有什麼反應，可能他覺得我很蠢吧，居然不去客訴。

後來我又做了一件蠢事，我在台灣大哥大的網站上買簡訊，結果那個簡訊是只能在電腦上用，不能在手機上用。這次是我自己沒有看清楚說明，本來也想自己認了，但是我朋友吞不下去，他幫我打去客服靠北，最後台灣大哥大就退費了。因此，遇到類似的事情，可能還是要去靠北一下比較好，雖然會顯得自己有點奧客。

找熟識的店家購買商品，可減少被詐騙的機率

除了手機之外，我買眼鏡也有遇到 2 次很差的經驗。有一次我配眼鏡，選了品牌比較好的鏡片。眼鏡拿回來以後我發現，一片鏡片有品牌雷射標籤，你透過反光可以看得很清楚，另一片雖然也有，但是那個標籤就很模糊。後來用了一陣子之後，沒有標籤的那一片磨損得比較嚴重。大家都猜得到狀況了吧？我猜是我給了兩片品牌鏡片的錢，結果對方將其中一片換成便宜貨了，價差多少他就賺多少。

還有一次，我去配太陽眼鏡，我記得我有說鏡片要薄的，結果拿到之後，我

從沒見過這麼厚的鏡片。因為我之前也沒有白紙黑字跟他寫清楚規格，我去吵他一定死不認，所以那次我就認了。這就好像當你殺價時老闆都說可以，最後給你低品質的產品，你根本也跟他講不清。

有了這兩次經驗，我就只找從小配到大的鄰居眼鏡行。有時候我也覺得那一家的眼鏡不便宜，但是，因為老闆的東西都很實在，加上去了那麼多次都沒被老闆騙過，所以可信度還滿高的，現在那家眼鏡行都傳到老闆的小孩在經營了。有時候東西壞了直接找信任的商家，你可以降低被騙的風險，也降低你為了防止被騙，找資訊的成本。

前面兩個都還算小 case，我大學時有一天去圖書館，出來時遇到一位業務推銷百科全書給我，我看一看覺得很棒就買了。一套百科全書 26 本，要價 4 萬多元，附送 10 本科學百科（厚度薄很多）。你知道我那時候腦洞大開是在想什麼嗎？因為那套百科全書其實真的不錯，而且全是英文，我想著如果買回去放在書櫃應該滿有分量，我可以又學英文、又學百科，如果我把這套全部都念完，也許我就無所不知、無所不懂，外加英文能力超強了。這麼棒的願景，只花你 4 萬元不是太便宜了嗎？我這樣想想之後我就買了。

大家想知道那一套百科全書後來的下場如何嗎？大約在 10 年後，我就把它們全部賣掉了，賣了 3,000 元。買到的人我想想都替他開心，價值 4 萬元的

東西他只花 3,000 元就買到了。你們知道我花多少時間念那些書嗎？我猜全部加起來大概不會超過 5 個小時，等於我把它們買回家的最大功能是當裝飾品。如果它是中文版也許我念的機率還比較高，但是，因為它是英文版，我的英文不夠好，讀起來很艱難，就更不會想去讀了，結果原本的願景一個都沒有達到。

我後來腦袋比較清醒時評估了一下，假設把那套附贈的科學百科也算進去，因為厚度比較薄，所以我整體估算 30 本好了，等於是 1 本買了 1,400 元，這個 CP 值真的太低了。就算那套百科全書非常棒，我 1 本頂多只願意花個 500 元吧，花到 1,400 元根本是將近 3 倍的價格。我以為花了大錢後，會為了賺回本而看書，實際上並沒有。經過了那次經驗以後，我買東西時就會注意，不要再自欺欺人了。

有時候，買東西時的心魔並不是業務在催眠你，是你在催眠自己。比如說，有人說結婚一輩子只有一次（真的嗎？我看到一堆不是喔），即使這筆錢比較大，也咬著牙花下去了。長輩過世，為了表示孝順，一筆奢華的葬禮費也就花下去了。或者有女生常常會講，買包包是種投資，因此 1 個包 10 萬元也買下去了。

請大家問問自己，有多少的消費是你在自欺欺人後，不管 CP 值就買了？當

大家消費不考慮 CP 值時，請千萬要注意這時可能是你在自欺欺人了。如果你有個腦袋清楚的朋友在身邊提醒，也許你這筆錢就可能不會亂花。或者是我建議，這一筆消費回去想個幾天，不要馬上決定，也許幾天後你忽然就腦袋清醒了。

接續上一個例子，我從電子業被資遣後，想要重回投資業，於是我去報名了特許金融分析師（CFA）level 1 的考試，結果好死不死，不久後就找到工作，錄取了大華投信（現在的永豐投信）。我進去後完全是拚了命地做，每週工作100 小時，而且我那時候還有去財團法人中華民國會計研究發展基金會補審計學的學分，每個星期還要去台北車站那邊上課幾次。因為我同時也想考會計師，補點會計相關學分就有資格考了。當然，最後我完全沒有時間念 CFA 的書，也就沒去考試了。

那筆 CFA 考試費用高達 4 萬 2,000 元，比我買百科全書還蠢，什麼實體商品都沒得到就沒了。石頭丟進水裡還有聲音，那筆 4 萬 2,000 元，比很多人月薪都還多的一筆錢就沒了，連蒸發的煙也沒有看到。那筆錢如果滾到我的投資裡面不是很棒嗎？滾到現在也至少會有 12 萬元～ 15 萬元吧，夠我現在出國 3 次以上了。

補充說明一下，可能很多人搞不懂為什麼 CFA 考試這麼貴，一是本來就很

貴，然後我考前才報名，它的費用又提高了很多，可能有多 50% ～ 100%。我當初就是想說，破釜沉舟了，報名費這麼貴，我一定會認真念（又在自欺欺人了），結果也沒有。我後來腦袋清醒以後，覺得考試好像也不用急成這樣，晚個半年考又如何呢？當然，我現在講是有點馬後炮。後來我很幸運地找到工作，我才會覺得浪費了錢。

有錢就有自由，也能有更多選擇

聊完蠢事接著來聊一點別的。不知道大家有沒有看過《寄生上流》這部韓國電影？我覺得裡面有一些台詞很打動人心，例如：「有錢所以善良。有錢的話，我也會很善良。」從這一句話也可以看出錢的重要性。

我在前面提過，錢不只可以買東西，也可以買到最寶貴的時間。此外，有錢更可以讓你堅守道德。試想，如果你現在身無分文，又肚子餓，你真的沒辦法了，是不是只能去超商偷東西來吃？

之前有一位朋友問我，「有一筆灰色收入不知道要不要拿？」我說，「那種錢不要賺啦！」但是，朋友不爽地說，「你不缺錢當然不需要啦！很多人都需要這些錢的！」他這樣一講，我也沒辦法回嘴，我在那邊多講顯得我好像是在講風涼話。

對我而言，我都這麼的自求簡樸了，我賺錢，累積資產，不是要拿來亂買東西。有錢就有自由，有錢你有更多選擇，有錢你不用犧牲道德，降低道德水準。我寫臉書粉絲團不收費，全部資料免費下載，不會跟粉絲有利害衝突，我想怎麼寫就怎麼寫，因此我寫出來的東西更有公信力。你犧牲一點利益，其實可以換來更有價值的東西。也因此，我這種最不花錢、最不奢華的人，卻強烈的在推廣錢的重要。

雖然我不太花錢，但是我認為，出國其實是一種人權。我本身滿喜歡出國，尤其是幾乎每年去日本，那種在異地的感覺，體驗不同的人文，不同的氣候與風景，這是個落差很大的經歷。

出國會讓一些你原本覺得理所當然的東西，變成不那麼的理所當然（例如左駕、右駕就很不同，每次去香港只要一恍神都覺得會被車撞），這種反差最有可能震撼一個人，並且改變一個人的想法，因此我會覺得出國玩應該是一種基本的人權。開眼界可以學到的東西，也是其他東西很難取代的。

而且現在出國的成本比以前低，只要你有心的話，出國必需的食住行都有辦法很省，比如說你可以搭乘廉價航空、住廉價旅館，出國不要跑高級餐廳，吃平民美食，也花不了多少錢。像是在日本，你可以晚上 7 點、8 點去超市買打折的鮮食。

　　另外，如果不亂買東西，光是看風景、體驗異國文化的話，這個費用多數人都負擔得起。所以就算再怎麼窮，我都會覺得 1 年、2 年起碼也要出國一趟。我寧願你少買一個包包，換成一次出國的體驗。10 年之後你再回想，你跟好友、家人出國的美好回憶還在，你賞包包的雀躍感卻早已經沒了。

　　我學弟有一次跟我講，你出不出國沒差啊，你在台灣出門就一直看手機，你出國也是一直看手機啊。不，不一樣，出國看手機的爽度就是比較高。你在風景區看著風景，呼吸新鮮空氣，偶爾瞄一下盤勢，看盤只是順便，你個人還是在享受國外的氣氛。偶爾拍一下照片上傳 FB，讓大家也體會一下那個感覺。那個感覺就是自由的感覺，這是無價的。

　　我出國時有一個時刻，感覺比較強烈，那就是每天早上走出飯店，陽光照射下來，你的皮膚感受著陽光的溫度，有時一陣暖風吹來，全身每個毛細孔都倍感舒暢，我覺得這就是人生最棒的時刻，你會覺得活著真好。或是睡完午覺後在飯店泳池游蝶式，想像著其他人還在面對老闆的訓斥，我在那邊爽爽游泳，運氣好還有外國妹在曬太陽，順便養眼一下。

　　當然，我從來沒有豔遇，有的話應該可以再加分。2019 年去日本的時候，在北海道不小心訂到青年旅館，進去看到房間有四個床位有點傻眼，早知道就跟剛剛在櫃台的外國妹說，我有很多床位，要不要來擠一下。

但是，我能過得那麼爽，有很大的部分是因為我已經財務自由，可以不用被綁在公司，聽長官靠北。我認為，人生中有些事情你一定要愈早知道愈好，像是「有錢非常重要」，這一點你就應該愈早知道愈好，而不是對錢不屑，卻整輩子被錢拖累。這樣的人生，自以為很灑脫，實際上卻苦不堪言。

孔子說：「賢哉，回也！一簞食，一瓢飲，在陋巷，人不堪其憂，回也不改其樂。賢哉，回也！」這段話是在描述孔子的弟子顏回，雖然生活很貧窮，但是刻苦做學問。孔子很是感嘆說：「多賢德啊！顏回吃的是一小筐飯，喝的是一瓢水，住在窮陋的小房中，別人都受不了這種貧苦與煩憂，而顏回卻仍然不改變他的快樂。多好啊，顏回這個人！」

我自認為我不是聖人，顏回這種高度我達不到，你們有人可以嗎？上流哥自稱上流，其實是偷學上流美（編按：指台灣女藝人許純美，因為談話時常自稱來自「上流社會」，所以被戲稱為「上流美」），帶有自我反諷的味道。但是，財務狀況比較好的人，就算不能進入上流社會，至少也不至於落入下流世界吧！

理財教育應該從小培養，從消費開始學理財

我弟弟有兩個小孩，年紀大概幼稚園和小學，我有開始在想說怎麼教育小孩

儲蓄、投資與複利的觀念。不過，這需要一點基礎的數學程度，學校還沒教的東西，家長可以提早教，例如：加、減、乘、除、百分比，都是用得到的，我記得以前這程度要到國小三、四年級才會教。

我覺得理財從小就應該慢慢教育，小孩沒有多少資產，投資與複利的觀念可以從存錢生利息學起，消費是這時理財最重要的一環，如果家長本身就可以以身作則，那麼就同時可以教育小孩如何聰明消費，買有 CP 值的東西，怎麼樣靠降低消費來省錢。

等小孩再大一點，也可以把家裡的工作交辦給他，並且給他一些錢作為鼓勵，讓他有自由運用的能力，甚至讓他模擬操作股票都可以。我是大學才接觸股票，我有朋友高中就接觸了，我覺得更早也不是不可以，投資是遲早會碰到的事，早點學經驗沒有壞處。

最後我想說的是，其實我能那麼早就從職場上退休，要非常感謝我前公司的長官，我 2019 年還特別搞了一個感恩週，寫了一整週的系列文來感恩，有興趣的人可以上我的臉書粉絲團「上流哥投資理財粉絲團」觀看。

附錄 上流哥的投資理財書目

　　對於投資理財有興趣的人，可以參考我的投資理財書目（詳見表 1），基本上，這張表列出來的是過去十多年來，我精選出來一些自己覺得不錯的書籍，希望可以節省大家一些時間，因為可以直接就選經典的書籍來看，也讓大家第一次就可以學到比較正確的理財觀念。

　　當然，因為這些書目是我主觀認為寫得比較好的，所以整個會偏向價值投資的面向。技術分析類的書不會完全沒用，因為很多投資人用技術分析，有研究的話，你可以了解市場的想法。但是對我而言，技術分析不是用在自己的操作，而是拿來參考別人的想法，並且通常反著操作。我也有看過一些技術分析相關的書籍，但是並沒有感覺有哪些是比較值得推薦的。

　　我推薦的這些書籍裡面，有些可能包含了一些比較艱深的學問，例如：基礎數學、統計學、總體經濟，以及會計學等等，我有時候念這些書，也是在還沒有念過上述那些學科時念的，但是，念過那些學科之後，我會有更進一步的理

解。因此，也建議大家去念上面這些教科書，書單裡面的書也應該再多看個幾遍。

如果搭配你自己逐漸累積的經驗，往往會有新的體驗或原本沒搞懂的觀念可以搞得更清楚。像我大學時念股神巴菲特（Warren Buffett）相關的書籍，跟現在看感覺就不一樣，充實更多知識與有實務經驗後再看一次，不只以前沒搞懂的東西可以理解了，也可能會有新的體驗與收穫。

閱讀是報酬率最高的投資，經典值得一看再看

有些書的出版時間確實比較舊了，你想去書局買可能買不到，這時你可以考慮去拍賣網找找看（我就這樣買到《理財聖經》與《股票聖經》）。如果網拍沒有，去圖書館應該也還可以找到不少舊書。再沒有也沒關係，很多觀念不是只有一本書有提到，你買得到的書全部念完，應該有的正確觀念也都有了。

除了投資書目裡面的書之外，有些大學裡面的學科也對投資相當有幫助，例如：個體經濟學、總體經濟學、統計學、企業管理、初級會計學等，當初我在大學時都有加減念到一些，但是，真的念到很熟是考研究所時準備的個經、總經跟統計學。念完研究所後我的心得是，整個學校教育，包含大學、研究所，沒有人可以教你投資。

　　根據我的經驗，也不要奢望進了投資界會有人教你，不是說沒人願意教你，而是這個產業裡面的人都有一堆錯誤的觀念，也有一堆失敗者，他們怎麼有辦法教你正確的投資知識（像是我有聽到教授在搞技術分析做投資，聽到時我還滿想笑的）？

　　不過，你也別灰心，投資不需要多高深的學問，把我建議的書目裡面的書念個幾遍，上面重要的學科也去修，如果你有好的邏輯能力，閱讀多了，自然會找到自己的一套方法跟投資策略。

　　投資成功也不是只有一條路，有天分的人自然會找到自己的出路，如果念了那麼多書再加上實戰後發現自己還是不行也沒關係，書不會白念的，對你的理財跟投資組合配置還是會有幫助。

　　雖然我常常說投資是靠天分，但是，努力還是最基本且必須的。主動式投資需要花費不少時間去思考與吸收資訊，至於會不會成功還得看有無投資天分。短期會有運氣成分的干擾，但是，長期可以看出有無投資實力，不是所有人都有能力進行主動式投資。

　　我認為，如果可以提早發現自己沒有能力也好，可以少走點冤枉路，不亂主動投資也可以少虧很多錢，持續的靠指數報酬率慢慢累積也可以致富。如果大

家不花時間在投資上面而是被動式投資，反而可以把寶貴的時間投資在自己的專業，然後靠專業獲取更高的薪水，這其實也是另一種的投資。

除了表 1 這些書單之外，我還推薦綠角的書（介紹被動投資工具與被動投資觀念）、霍華・馬克斯（Howard Marks，連巴菲特都推崇的投資大師）的所有書、肯・費雪（Ken Fisher，他就是成長型投資之父菲利普・費雪（Philip Fisher）的兒子）的所有書，以及威廉・伯恩斯坦（William Bernstein，《投資金律：建立獲利投資組合的四大關鍵和十四個關卡》作者，他後來又出了不少書）的所有書。

其實，你也可以針對我上面推薦書目的作者去搜尋，有不少作者都有陸續推出新書，我相信這些作者出版的書肯定都是好書。如果我以後也出很多書，你們也可以搜尋我的名字，並且去買我所有出版的書。我個人經驗是用作者去選書，勝率很高。作者如果有料，不太會寫出很垃圾的書出來。雖然表 1 中有些書籍已經出版很久了（有些書是我大學時念的），但是，投資觀念沒有變，經典投資書籍禁得起時間考驗，因此還是很有閱讀的價值。

表 1 中的評分是我主觀評的，我感覺念完以後我收穫愈多，評分就愈高。當然會放到此表格的書，就表示有其閱讀價值。我看過的投資理財相關書籍起碼是這邊的好幾十倍，上面這些書都是我篩選後的精華與經典投資書，值得你

買回家看個 3 遍、5 遍。不要捨不得花錢買書，這是你報酬率最高的投資，而且看完這些書就可以讓你至少贏一半的基金經理人跟分析師，因為你懂被動投資了。我現在書看得比較少，網路資料看得比較多，我推薦大家去看 Zero

表1　上流哥精選18本投資理財書單——上流哥理財書單

書名與作者	附註	評分
投資金律：建立獲利投資組合的四大關鍵和十四個關卡 威廉・伯恩斯坦（William Bernstein）	重要投資觀念	90
漫步華爾街：超越股市漲跌的成功投資策略 墨基爾（Burton G.Malkiel）	重要投資觀念	90
長線獲利之道：散戶投資正典 傑諾米・席格爾（Jeremy J.Siegel）	重要投資觀念	90
華爾街刺蝟投資客二部曲典藏套書：華爾街刺蝟投資客＋華爾街刺蝟投資客之投資啟示錄 巴頓・畢格斯（Barton Biggs）	重要觀念、可以了解經理人生活	90
蘋果橘子經濟學 史帝文・李維特（Steven D. Levitt）、 史帝芬・杜伯納（Stephen J. Dubner）	經濟學不是學術空談，而是可以解決實際問題	90
超爆蘋果橘子經濟學 史帝文・李維特（Steven D. Levitt）、 史帝芬・杜伯納（Stephen J. Dubner）	經濟學不是學術空談，而是可以解決實際問題的	90
彼得林區 征服股海 彼得・林區（Peter Lynch）、 約翰・羅斯查得（John Rothchild）	彼得・林區是非常優秀的基金經理人	90
彼得林區 選股戰略 彼得・林區（Peter Lynch）、 約翰・羅斯查得（John Rothchild）	彼得・林區是非常優秀的基金經理人	90
巴菲特寫給股東的信 華倫・巴菲特（Warren Buffett，原著）、 勞倫斯・康漢寧（Lawrence A. Cunningham，編著、導讀）	唯一巴菲特親筆撰述的著作	85

整理：上流哥

Hedge 網站，它的內容很多元，不管是股票、總經、債券、貨幣、銀行學都有，這是英文網站，英文不好可能會看得比較吃力一點，但是財經英文字就那些，要上手不難。

書名與作者	附註	評分
共同基金的騙局：誰賺走了你的血汗錢？你該如何因應？ 路易斯‧魯文斯坦（Louis Lowenstein）	投資界主要是要把錢騙出你口袋，不是幫你賺錢	85
約翰‧聶夫談投資 約翰‧聶夫（John Neff）、明茲（S.L. Mintz）	價值投資知名經理人	85
從20萬到10億：張松允的獨門投資術 張松允	我相信張松允致富是因為他有股票敏銳度	85
投資觀念進化論：避險觀念與現代金融創新 彼得‧伯恩斯坦（Peter L.Bernstein）	投資理論在實務界的應用，講很多行為財務學	85
柏格談共同基金 約翰‧柏格（John C. Bogle）	基金成本與績效的研究，結論為建議投資指數基金	85
巴菲特投資手冊：選股秘訣與實例演練 理查‧席蒙斯（Richard Simmons）	價值投資	80
為下一波股市反彈做準備 彼得‧林區（Peter Lynch）、 約翰‧羅斯查得（John Rothchild）	彼得‧林區是非常優秀的基金經理人	80
隨機的致富陷阱：解開生活中的機率之謎 納西姆‧尼可拉斯‧塔雷伯（Nassim Nicholas Taleb）	黑天鵝效應及一些統計觀念	80
窮查理的普通常識：巴菲特50年智慧合夥人查理‧蒙格的人生哲學 查理‧蒙格（Charles T. Munger）	巴菲特合夥人的智慧	80

國家圖書館出版品預行編目資料

上流哥：這年頭存錢比投資更重要 / 上流哥著. -- 一
版. -- 臺北市：Smart智富文化, 城邦文化, 2019.12
　　面；　公分
ISBN 978-986-98244-6-0(平裝)

1.理財 2.投資

563   108020779

Smart 智富

上流哥：這年頭存錢比投資更重要

作者	上流哥
企畫	周明欣

商周集團	
榮譽發行人	金惟純
執行長	郭奕伶
總經理	朱紀中

Smart 智富	
社長	林正峰（兼總編輯）
資深主編	楊巧鈴
編輯	胡定豪、施茵曼、連宜玫、陳婉庭、劉鈺雯
資深主任設計	張麗珍
封面設計	廖洲文
版面構成	林美玲、廖彥嘉

出版	Smart 智富
地址	104 台北市中山區民生東路二段 141 號 4 樓
網站	smart.businessweekly.com.tw
客戶服務專線	（02）2510-8888
客戶服務傳真	（02）2503-5868
發行	英屬蓋曼群島商家庭傳媒股份有限公司城邦分公司

製版印刷	科樂印刷事業股份有限公司
初版一刷	2019 年 12 月
初版八刷	2021 年 09 月
ISBN	978-986-98244-6-0

為了提供您更優質的服務，《Smart 智富》會不定期提供您最新的出版訊息、優惠通知及活動消息。請您提起筆來，馬上填寫本回函！填寫完畢後，免貼郵票，請直接寄回本公司或傳真回覆。Smart 傳真專線：（02）2500-1956

1. 您若同意 Smart 智富透過電子郵件，提供最新的活動訊息與出版品介紹，請留下電子郵件信箱：

2. 您購買本書的地點為：☐ 超商，例：7-11、全家
   ☐ 連鎖書店，例：金石堂、誠品
   ☐ 網路書店，例：博客來、金石堂網路書店
   ☐ 量販店，例：家樂福、大潤發、愛買
   ☐ 一般書店

3. 您最常閱讀 Smart 智富哪一種出版品？
   ☐ Smart 智富月刊（每月 1 日出刊）　☐ Smart 叢書　☐ Smart DVD

4. 您有參加過 Smart 智富的實體活動課程嗎？　☐ 有參加　☐ 沒興趣　☐ 考慮中
   或對課程活動有任何建議或需要改進事宜：

5. 您希望加強對何種投資理財工具做更深入的了解？
   ☐ 現股交易　☐ 當沖　☐ 期貨　☐ 權證　☐ 選擇權　☐ 房地產
   ☐ 海外基金　☐ 國內基金　☐ 其他：

6. 對本書內容、編排或其他產品、活動，有需要改善的事項，歡迎告訴我們，如希望 Smart 提供其他新的服務，也請讓我們知道：

您的基本資料：（請詳細填寫下列基本資料，本刊對個人資料均予保密，謝謝）

姓名：	性別：☐ 男 ☐ 女
出生年份：	聯絡電話：
通訊地址：	

從事產業：☐ 軍人　☐ 公教　☐ 農業　☐ 傳產業　☐ 科技業　☐ 服務業　☐ 自營商　☐ 家管

您也可以掃描右方 QR Code、回傳電子表單，提供您寶貴的意見。

想知道 Smart 智富各項課程最新消息，快加入 Smart 自學網 Line@。

● 填寫完畢後請沿著右側的虛線撕下。

104 台北市民生東路 2 段 141 號 4 樓

行銷部 收

●填寫完畢後請沿著左側的虛線撕下。

●請沿著虛線對摺，謝謝。

Smart 智富

書號：WBSI0090A1
書名：**上流哥：這年頭存錢比投資更重要**